WILHELM VON OSMA

De Consequentiis

Über die Folgerungen

Textkritisch herausgegeben,
übersetzt, eingeleitet und kommentiert
von
FRANZ SCHUPP

Lateinisch – Deutsch

FELIX MEINER VERLAG
HAMBURG

PHILOSOPHISCHE BIBLIOTHEK BAND 438

Die Deutsche Bibliothek – CIP-Einheitsaufnahme

Guilelmus <de Osma>:
De consequentiis : lateinisch-deutsch = Über die Folgerungen / Wilhelm von Osma. Textkritisch hrsg., übers., eingeleitet und kommentiert von Franz Schupp. – Hamburg : Meiner, 1991
(Philosophische Bibliothek ; Bd. 438)
ISBN 3-7873-1014-2
NE: Schupp, Franz [Hrsg.]; GT

 – Satz: W. Kämpf, München. Druck: W. Carstens, Schneverdingen. Einbandgestaltung: Jens Peter Mardersteig. Gedruckt auf säurefreiem, alterungsbeständigem Werkdruckpapier. Buchbinderische Verarbeitung: Lüderitz & Bauer, Berlin. Printed in Germany.

INHALT

WILHELM VON OSMA

VORWORT

Die spätmittelalterliche Lehre von den Folgerungen gilt als eine der bedeutendsten – selbstverständlich auf vielgestaltiger Tradition beruhenden – Leistungen der mittelalterlichen Logik. In den vergangenen fünfzig Jahren fand diese Lehre auch große Beachtung von seiten der modernen Logik. Im Ursprung handelte es sich dabei um Regelsammlungen für den praktischen Schulgebrauch, d.h. für die Disputationen. Neben den späteren großen Traktaten zur Folgerungslehre, wie die Burleighs, Ockhams, Strodes u.a., behielten auch diese Regelsammlungen, mit denen kaum besondere theoretische Ansprüche verbunden waren, ihre Bedeutung. Der hier erstmals veröffentlichte Text gehört zu diesen Schulbüchern und verdient deshalb auch unter diesem Aspekt eines Studientextes im engsten Sinn des Wortes Interesse: Er stellt eine frühe Form einer Formelsammlung dar, die darin enthaltenen Regeln mußten von den Studenten vermutlich auswendig gelernt werden. Daß wir von dem Autor eines solchen Schulbuches keine direkten historischen Nachrichten haben, ist nicht verwunderlich. Die knappe Form des Textes sowie die kaum vorhandenen Erläuterungen zu Begriffen, Einteilungen usw. erfordern allerdings heute für den nicht spezialisierten Leser einen verhältnismäßig ausführlichen Kommentar.

EINLEITUNG

A. Handschrift, Autor, Entstehungszeit

Die Handschrift des hier erstmals edierten Textes liegt in Gdansk (Danzig), Stadtbibliothek, cod. 2181, fol. 68r–71v. Der Rest des Codex, fol. 1r–67v, enthält eine Abschrift von Paulus Venetus, *Logica parva.*

Die Handschrift des Textes von Wilhelm von Osma ist in zwei Kolumnen geschrieben, der Raum für Initialen am jeweiligen Beginn der Kapitel ist frei gelassen. (Diese fehlenden Buchstaben wurden ohne spitze Klammern ergänzt.) Der Katalog der Handschriften der Danziger Stadtbibliothek gibt als Entstehungszeit der Handschrift das 15. Jahrhundert an.[1] Diese Datierung könnte durch philologische Beobachtungen gestützt werden. So sind z.B. *n* und *u* deutlich differenziert, was im späteren 14. Jahrhundert eher unüblich war; das runde Schluß-*s* ist typisch für die Schreibweise des 15. Jahrhunderts.[2] Besonders auffällig sind die exzentrischen Oberlängen auf fol. 70vb und 71va, die ebenfalls Eigenheiten der Schreibweise des 15. Jahrhunderts darstellen dürften.[3]

Über die Herkunft der Handschrift ist nichts bekannt. Sie wurde 1866 aus Privatbesitz gekauft.[4] Bei der großen Zirkulation von Handschriften im späten Mittelalter kann also aus dem Fundort Gdansk nichts geschlossen werden.

Wichtiger als die Datierung der Handschrift ist die der Entstehung des Textes. Über den Autor Wilhelm von Osma gibt es beim gegenwärtigen Stand der Forschung keinerlei

[1] A. Günther, Katalog der Handschriften der Danziger Stadtbibliothek, Teil 3, Danzig 1909, S. 204.

[2] Vgl. A. Cappelli, Dizionario di abbreviature latine ed italiane, (Nachdruck) Mailand 1979, tav. VIII.

[3] Vgl. z.B. die Hs. Wien, Österreichische Nationalbibliothek, cod. Vindob. 2777, fol. 52r u. 61v (ca. 1430, Oswald von Wolkenstein).

[4] Günther, a.a.O. S. 204.

historische Nachrichten. Dies stellt jedoch keineswegs einen Sonderfall im Bereich mittelalterlicher Logik dar. Auch bei Autoren wie z.B. Robert Fland oder Thomas Manlevelt (Maulevelt), die etwa zur gleichen Zeit wie Wilhelm von Osma gelebt haben dürften, wissen wir so gut wie nichts über ihr Leben oder über ihren Berufsweg. Von Wilhelm von Osma haben wir also nur aus dem Kolophon der Danziger Handschrift Kenntnis. Solche Zuschreibungen im Kolophon sind häufig unzuverlässig, da jedoch eine andere Zuschreibung bisher nicht in Frage kommt,[5] liegt es nahe, an der Autorschaft Wilhelms von Osma festzuhalten.

Osma ist ein spanischer Bischofssitz, der ursprünglich Suffraganbistum von Toledo war. Um die Mitte des 14. Jahrhunderts (seit 1354) war Alonso de Toledo y Vargas Bischof von Osma. Dieser war früher Lektor der Sentenzen in Paris und selbst Autor eines Sentenzenkommentars und von Quaestiones zu Aristoteles' *Über die Seele*.[6] Man kann also wohl annehmen, daß sich in dieser Umgebung ein Kleriker (im Kolophon wird Wilhelm von Osma *Reverendus* genannt) befinden konnte, der an Fragen der Logik interessiert war. Über den Ort der Tätigkeit Wilhelms von Osma ist damit natürlich nichts gesagt; im Mittelalter waren Magistri völlig ortsungebunden, und ein Magister beliebiger Herkunft konnte an verschiedenen Orten tätig werden.

Während wir bei dem bisher Gesagten keine wirklich weiterführenden Angaben machen konnten, sind wir bei der Frage der inhaltlichen Zuordnung des Traktats in einer wesentlich besseren Lage.

Der Traktat Wilhelms von Osma gehört eindeutig zu der Gruppe der frühen englischen Traktate über die Folgerungen.[7] Die Beschreibung und die Definition der Folgerung

[5] De Rijk, 1976, S. 130, und diesem folgend Green-Pedersen, 1983, S. 301, schreiben den Text Billingham zu. Diese Zuschreibung beruht jedoch offensichtlich nur auf dem mit Billingham, DC, identischen Initium.

[6] Vgl. Lexikon für Theologie und Kirche I, Freiburg [2]1957, Sp. 334.

[7] Zu dieser Gruppe vgl. Green-Pedersen, 1983, der aber keine Vollständigkeit beansprucht. Thomas Manlevelt z.B. (vgl. weiter unten Anm. 14) ist auch dieser Gruppe zuzurechnen.

in unserem Traktat entspricht jener der Burleigh-Ockham-Gruppe (vgl. dazu Einleitung B 2), wobei nicht der geringste Hinweis auf die Diskussion um die Definition der Folgerung vorliegt, wie sie bei Buridan und Pseudo-Scotus stattfand. Ebenso dürfte die bei Wilhelm von Osma vorausgesetzte Abgrenzung von formaler und materialer Folgerung jener der Burleigh-Ockham-Gruppe entsprechen (vgl. Einleitung C 4).

Schwieriger ist eine genaue Zuordnung des vorliegenden Traktats zu den anderen derselben Gruppe, da noch nicht alle ediert und analysiert sind.[8] Mit Billingham übereinstimmend hat Wilhelm von Osma nur die Beschreibung der Folgerung am Beginn des Traktats.[9] Der Traktat Billinghams ist aber im übrigen anders aufgebaut und kann nicht die Vorlage für Wilhelm von Osma dargestellt haben. Da die einleitende Beschreibung der Folgerung sich auch in anderen Traktaten findet,[10] ist nicht sicher, ob sie tatsächlich von Billingham stammt. Es ist möglich, daß diese Beschreibung der Folgerung vor und unabhängig von Billinghams Traktat Verwendung fand.

Eine eindeutige Beziehung besteht zwischen dem Traktat Wilhelms von Osma und dem Anonymus$_5$, einem Traktat über die Folgerungen in einer Sammelhandschrift aus Padua, die aus dem letzten Viertel des 14. Jahrhunderts stammt.[11] Dieser Text muß über verschiedene Zwischenglieder auf dieselbe Vorlage zurückgehen, von der auch, wiederum über verschiedene Zwischenglieder, der Traktat

[8] Z.B. erweist die Analyse des Anonymus$_3$, DC (Nr. 17 in Green-Pedersen, 1983, S. 307), daß dieser Traktat nicht zur Gruppe der frühen englischen Traktate gehört, da er eindeutig von Marsilius von Inghen, DC, abhängig ist.

[9] Zu den Handschriften von Billingham, DC, vgl. De Rijk, 1976, S. 130.

[10] Vgl. die Handschriftengruppe Nr. 6 in Green-Pedersen, 1983, S. 300, u. Nr. 9, S. 302 f. = Martin von Alnwick (?), sowie Anonymus$_7$, DC, fol. 45rb.

[11] Vgl. De Rijk, 1982, S. 31. Ob dieser Traktat allerdings der von De Rijk, 1977, beschriebenen *Logica Oxoniensis* zuzurechnen ist (so ebd. S. 156), scheint mir eher fraglich.

Wilhelms von Osma stammt. Die beiden Traktate stimmen bei vereinzelten Abweichungen in einem Grundbestand des Textes wörtlich überein.[12] Der wesentliche Unterschied indessen besteht darin, daß Wilhelm von Osma die beiden Blöcke der jeweils fünf Ausnahmen in IV.3 und V.4 zum Grundbestand hinzufügt, während der Anonymus$_5$ ein eigenes Kapitel über die *confusio* vor dem letzten Kapitel einfügt.[13]

Ebenso besteht eine eindeutige, allerdings entferntere Beziehung zum Traktat *De consequentiis* von Thomas Manlevelt.[14] Das erste Kapitel dieses Traktats enthält einen von Wilhelms von Osma völlig verschiedenen Text, die übrigen Kapitel sind jedoch sehr ähnlich aufgebaut.[15] Allerdings fehlen bei Manlevelt wie bei dem Anonymus$_5$ die beiden eben vorher genannten Blöcke der Ausnahmen. Auffällig ist, daß Wilhelm von Osma ebenso wie der Anonymus$_5$ die Regeln der materialen Folgerungen im ersten Kapitel aufführt (I.17, I.18), also an einer systematisch naheliegenden Stelle, während Manlevelt sie, allerdings mit der bei Wilhelm von Osma fehlenden Terminologie (*materialiter*) unter den Regeln der Konditionalaussagen auflistet.[16]

Man kann also, mit der bei solchen Fragen erforderten Vorsicht, folgende Hypothese aufstellen: Die Grundform des Textes bestand aus den Regeln, die unter Abzug der beiden genannten Blöcke in Wilhelms Kap. II–VII enthalten sind, also in etwa entsprechend den korrespondierenden Kapiteln im Text des Anonymus$_5$. Dieser erschlossene Traktat Y entspricht der Form der Regelsammlungen ohne

[12] Auf relevante Abweichungen wird im Kommentar hingewiesen werden.

[13] Fol. 2vb–3ra.

[14] Ich verwende von diesem Traktat die Hs. Erfurt Q 271, fol. 55v–62r. Zu weiteren Handschriften vgl. Risse, 1979, S. 151 (nicht vollständig). Eine Edition wird von H. Brands und S. Lorenz vorbereitet.

[15] Auf relevante Abweichungen wird im Kommentar hingewiesen werden.

[16] Manlevelt, DC, fol. 60r.

allgemeinen Einleitungsteil, wie sie als ursprüngliche Form der Folgerungstraktate charakterisiert werden kann (vgl. Einleitung B 2). Aus dieser Vorlage entstand durch Hinzufügung eines je verschiedenen einleitenden Kapitels der Traktat Manlevelts und ein Traktat Z, der seinerseits die Vorlage für den Anonymus$_5$ und für Wilhelm von Osma bildete. Anonymus$_5$ fügte zu Z das Kapitel über die *confusio* hinzu (eine vergleichbare, aber textlich unabhängige Hinzufügung findet sich auch bei Manlevelt),[17] während Wilhelm von Osma außer der Beschreibung der Folgerung zu Beginn des Traktats die beiden Regelblöcke in IV.3 und V.4 hinzufügte. Daraus ergibt sich folgendes Schema:

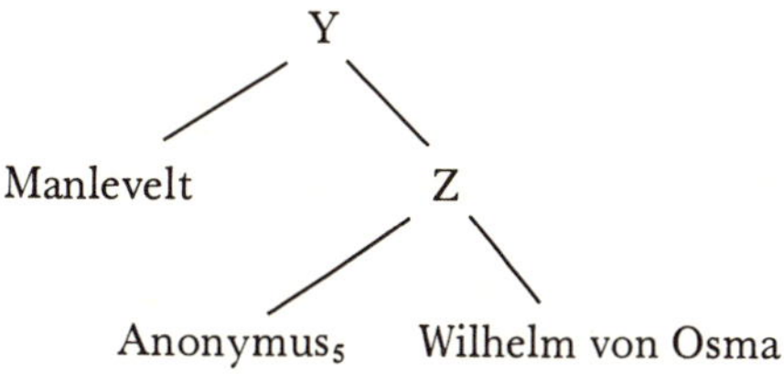

Zusätzlich gab es vermutlich jeweils mehrere Zwischenglieder, von denen weitere Forschung möglicherweise auch noch einige auffinden kann. So erklärt z.B. das Schema nicht, weshalb sich die auffällige Überschrift des Kap. VII sowohl bei Wilhelm von Osma wie bei Manlevelt findet, nicht aber im Text des Anonymus$_5$.[18]

Nimmt man die zahlreichen, größtenteils anonym überlieferten Handschriften von Manlevelts Text hinzu, so ergibt sich, daß im 14. Jahrhundert ein Traktat *De consequentiis,* der dem erschlossenen Text Y entspricht, weit zirkulierte und die Grundlage für zahlreiche Bearbeitungen lieferte. In Hinsicht auf die Ausarbeitung der Regeln stellt dabei durch die Hinzufügung der beiden genannten Blöcke

[17] Manlevelt, DC, fol. 58r–58v.

[18] Dort lautet auf fol. 3ra die Überschrift nur: „*Sequitur de aliis regulis*“.

der Text Wilhelms von Osma möglicherweise die am weitesten fortgeschrittene Form dar.[19]

Der Aufbau von Kap. I bei Wilhelm von Osma zeigt eine gewisse Nähe zum ersten Kapitel des Traktats von Richard Lavenham.[20] Ähnliches gilt auch in bezug auf Robert Flands Traktat über die Folgerungen. In beiden Fällen reichen jedoch die Berührungspunkte (die im Kommentar aufgeführt werden, soweit sie als Interpretationshilfen dienen können) nicht aus, um eine Abhängigkeit anzunehmen.

Die aufgeführten Beziehungen liefern nur einen ziemlich groben Rahmen für die Datierung, besonders deshalb, weil wir für den Anonymus$_5$ und für Manlevelt, deren Traktate dem Wilhelms von Osma am nächsten liegen, über keinerlei historische Daten verfügen. Lavenham ist 1399 gestorben, für Flands Traktat wird eine Abfassungszeit zwischen 1355 und 1370 angenommen,[21] für Billingham ist eine Tätigkeit am Merton College von 1344 bis 1361 nachgewiesen.[22] Da der Traktat Wilhelms von Osma etwa zu der gleichen Zeit wie die Traktate *De consequentiis* der genannten Autoren abgefaßt sein dürfte, liegt eine Entstehungszeit zwischen 1340 und 1370 nahe.

[19] Eine Revision dieser Vermutung könnte sich bei der Erforschung der verschiedenen Kommentare zu Manlevelts Traktat ergeben, von denen einige in Risse, 1979, S. 151 aufgeführt sind.

[20] Lavenham, DC, S. 99–105 (Nr. 1–22). Außer der von Spade edierten Hs. British Museum, ms. Sloane 3899, ist auch die Hs. Venedig, Biblioteca Nazionale Marciana, Z.L. 300, fol. 11vb–18ra zu berücksichtigen.

[21] Vgl. N. Kretzmann – A. Kenny – J. Pinborg, The Cambridge History of Later Medieval Philosophy, Cambridge 1982, S. 882 f.

[22] Ebd. S. 880.

B. Die mittelalterliche Lehre von den Folgerungen

1. *Zur Forschungsgeschichte*

Die Erforschung der mittelalterlichen Logik beginnt in der zweiten Hälfte des 19. Jahrhunderts mit Prantls umfangreichem Werk „Geschichte der Logik im Abendlande“,[1] das bis heute durch die Anführung umfangreichen Materials ein wichtiges Quellenwerk darstellt. Innerhalb der systematischen Entwicklung der modernen formalen Logik des 20. Jahrhunderts wurde indessen auf die historischen Forschungen Prantls praktisch kein Bezug genommen, und auch Prantl selbst fand in Hinsicht auf die Erforschung der mittelalterlichen Logik für lange Zeit keine Nachfolger. Erst 1931 wurde durch Scholz das Interesse an der Geschichte der Logik neu geweckt,[2] wobei aber Scholz die mittelalterliche Logik nur kurz streifte. 1935 wurde durch den für die weitere Forschung bedeutenden Artikel von Lukasiewicz die Aufmerksamkeit auf die mittelalterliche Lehre der Folgerungen gelenkt.[3] Der Rahmen, innerhalb dessen diese mittelalterliche Lehre das Interesse hervorrief, wurde schon im Titel des Artikels von Lukasiewicz ausgedrückt: „Zur Geschichte der Aussagenlogik“. Es sollte also die „Vorgeschichte“ der modernen Aussagenlogik ermittelt werden, wie es bei Lukasiewicz ganz explizit als Ergebnis angeführt wird: „Die von den Stoikern begründete, von den Scholastikern fortgeführte und von Frege axiomatisch aufgebaute zweiwertige Aussagenlogik steht nunmehr als ein fertiges System vor unseren Augen da.“[4]

Daß die Stoiker im Unterschied zu Aristoteles eine Aussagenlogik entwickelt hatten, war bekannt. Daß es sich aber bei der mittelalterlichen Lehre von den Folgerungen deshalb schon um eine Fortführung der stoischen Lehre handelte, war damit vom historischen Standpunkt aus

[1] Prantl, 1855–1867.
[2] Scholz, 1931.
[3] Lukasiewicz, 1935.
[4] Ebd. S. 127.

noch keineswegs bewiesen. Bochenski, der einen stoischen Einfluß nicht ganz ausschließen wollte, meinte, daß man die mittelalterliche Lehre von den Folgerungen doch eher als eine „Wiedererfindung“ der stoischen Logik und nicht als deren Fortführung ansehen sollte.[5] Obwohl Moody meinte, mit Lukasiewicz und gegen Bochenski eine historische Kontinuität von stoischer Logik und mittelalterlicher Folgerungslehre feststellen zu können,[6] ist es bis heute nicht gelungen, eine solche historische Kontinuität tatsächlich nachzuweisen.[7] Daß allerdings Elemente stoischer Logik, vermittelt über Boethius, an die mittelalterlichen Logiker weitergegeben wurden, ist wohl anzunehmen.

Anders als bei dieser historischen Frage hat sich jedoch die Auffassung von Lukasiewicz, daß es sich bei der stoischen Logik, der mittelalterlichen Folgerungslehre und der modernen zweiwertigen Aussagenlogik um Systeme handele, die prinzipiell dieselbe Struktur aufweisen, bis in die Gegenwart weithin behaupten können. Im einzelnen wurde die Folgerungslehre bei Burleigh,[8] Ockham,[9] Pseudo-Scotus[10] und Paul von Pergula[11] untersucht. Moody berücksichtigt in seiner Überblicksdarstellung Burleigh, Ockham, Buridan, Albert von Sachsen, Pseudo-Scotus, Strode und Paulus Venetus.[12] Pozzi behandelt in der umfangreichen Einleitung zu seiner Textauswahl von Folgerungslehren mit Ausnahme von Paulus Venetus alle Autoren, die auch Moody aufführt, und nimmt zusätzlich Bezug auf Albert den Großen, Robert Kilwardby, Petrus von Mantua und Richard Ferrybridge.[13] Die Folgerungslehren zahlreicher Autoren der nachmittelalterlichen Periode, die aber

[5] Bochenski, 1938, S. 109.

[6] Moody, 1953, S. 3 Anm. Später äußerte er sich allerdings vorsichtiger; vgl. Moody, 1967, S. 533.

[7] Vgl. Kneale, 1975, S. 281; Boh, 1982, S. 303 Anm. 3.

[8] Prior, 1953; Boh, 1962 u. 1964.

[9] Boehner, 1952, S. 54–70.

[10] Bendiek, 1952; McDermott, 1972.

[11] Boh, 1965.

[12] Moody, 1953, S. 64–110.

[13] Pozzi, 1978, S. 1–132.

sachlich noch durchaus in den Zusammenhang der mittelalterlichen Logik gehören (sie verwenden die Regeln weithin in demselben Wortlaut wie die Autoren des 14. Jahrhunderts), wurden von Ashworth analysiert und formalisiert.[14] Es ergab sich also eine Art Standard-Interpretation der mittelalterlichen Lehre von den Folgerungen, wie sie auch z.B. im Beitrag von Boh zu diesem Thema in der wohl repräsentativen „Cambridge History of Later Medieval Philosophy“ wiedergegeben wird.[15]

Dieser beachtliche Umfang der Erforschung der Lehre von den Folgerungen wie auch der verhältnismäßig konstante Interpretationsrahmen dürfen jedoch über den vorläufigen Charakter des derzeitigen Forschungsstandes nicht hinwegtäuschen. Man wird die Vermutung äußern können, daß sowohl die bisher vorliegende *Textgrundlage* als auch der bisher angewandte *Interpretationsrahmen* unzureichend sind.

Wie die Aufzählung der bisher hauptsächlich bearbeiteten Autoren zeigt, hat sich die Forschung bisher im wesentlichen auf eine bestimmte Gruppe ohne Zweifel bedeutender und einflußreicher Autoren des 14. Jahrhunderts konzentriert. Man muß sich jedoch im klaren darüber sein, daß der umfangreichere Teil der Traktate über die Folgerungen noch nicht ediert ist,[16] wobei sich darunter auch Traktate einflußreicher Autoren wie Richard Billingham[17] befinden. Die Tatsache, daß die Textgrundlage bisher nur unzureichend erforscht ist, wiegt beim Traktat über die Folgerungen schwerer als bei anderen Traktaten (z.B. dem über die Suppositionen), weil es bei diesem Traktat aufgrund seines Ursprungs (vgl. dazu Einleitung B 2) zwar bestimmte Regeln gibt, die in einer mehr oder weniger ähnli-

[14] Ashworth, 1974, S. 118–186.

[15] Boh, 1982.

[16] Vgl. das Stichwort ‚*consequentia*‘ in Risse, 1979, S. 365; Risse beansprucht nicht, Vollständigkeit erreicht zu haben. – Die Handschrift mit dem Text Wilhelms von Osma ist bei Risse nicht aufgeführt.

[17] Vgl. De Rijk, 1976.

chen Form in zahlreichen Traktaten aufgeführt werden, darüber hinaus aber eine ziemlich große Variationsbreite der herangezogenen Regeln vorliegt.

Innerhalb der bereits edierten Texte konzentrierte sich die Forschung auf eine ganz bestimmte Gruppe von Regeln, die häufig unter der Überschrift *De regulis generalibus* angeführt werden. Der Grund dafür ist leicht ersichtlich, wenn man den Ursprung des Interesses an der Lehre von den Folgerungen bei Lukasiewicz berücksichtigt: In dieser Gruppe finden sich jene Regeln, die am ehesten im Sinne einer Vorgeschichte der modernen Aussagenlogik interpretierbar scheinen. Man muß jedoch sehen, daß es sich dabei eben nur um eine verhältnismäßig kleine Gruppe von Regeln handelt, so daß man nicht ausschließen kann, daß bei Berücksichtigung aller Regeln auch der zunächst angenommene Interpretationsrahmen sich nicht bewährt.

Gewichtige (leider sehr polemisch formulierte) Einwände gegen die Standard-Interpretation der mittelalterlichen Folgerungslehre hat Jacoby erhoben. Er wies darauf hin, daß die große Gruppe der formalen Folgerungen nicht aufgrund von Wahrheitswerten der Urteile, sondern (aristotelisch) aufgrund der inneren Identität der Sachverhalte gilt, während nur die materialen Folgerungen (philonisch) aufgrund von Wahr und Falsch der Urteile angesetzt sind.[18] Die m.E. berechtigten Einwände Jacobys wurden bisher bei der Interpretation der Theorie der Folgerungen nicht berücksichtigt. In jüngster Zeit wurden jedoch unabhängig davon Bedenken geäußert, die in dieselbe Richtung gehen. Green-Pedersen wies darauf hin, daß die mittelalterliche Vorstellung von Folgerungen grundlegend von der modernen, auf Wahrheitswerten beruhenden Konzeption der Implikation verschieden ist. Für die Verbindung von Antezedens und Konsequens in einer Folgerung wurde vielmehr von einigen Autoren die Topik herangezogen.[19] Zu einem ganz ähnlichen Ergebnis gelangt Jacobi in einer Untersuchung zu Wilhelm von Shyreswood (Sherwood). Er stellt

[18] Jacoby, 1962, S. 93; vgl. den ganzen Abschnitt ebd. S. 88–98.
[19] Green-Pedersen, 1984, S. 279. Vgl. auch Einleitung B 2.

fest, daß für diesen Autor eine streng notwendige Folgerung dann vorliegt, „wenn der im Nachsatz ausgesagte Sachverhalt oder Gedanke begriffliches Moment des im Vordersatz ausgesagten Sachverhalts oder Gedankens ist", wobei versucht wird, mit Hilfe der Topik „eine Typenlehre der zulässigen Argumentationsschemata zu erstellen".[20]

Es dürfte daher zunehmend deutlich werden, daß eine rein formal-syntaktische, wahrheitswertfunktionale Theorie der logischen Verknüpfungen für die Interpretation der mittelalterlichen Lehre von den Folgerungen nicht nur unzureichend ist, sondern schon im Ausgangspunkt deren Verständnis verstellt. Eine Alternative zu entwickeln ist eine Aufgabe der Forschung. Auf einen interessanten möglichen Ansatzpunkt einer solchen Alternative hat Bird hingewiesen, insofern er eine Ähnlichkeit zwischen Toulmins Argumentationstheorie[21] und der traditionellen Lehre der Topik aufzeigt.[22] Allerdings dürfte ein solcher Ausgangspunkt dann weiter reichen als Bird annahm. Bird meinte, daß die bekannte Gruppe der *regulae generales* nicht innerhalb einer solchen Argumentationstheorie zu begreifen sei, also die Interpretation Salamuchas, Bochenskis, Boehners und Moodys dadurch nicht betroffen sei.[23] Im Kommentar wird gezeigt werden, daß auch diese Regeln ursprünglich so konstruiert waren, daß sie aufgrund einer Begriffsrelation gelten.

2. *Entstehung, Geschichte und Charakteristik der Traktate über die Folgerungen bis 1350*

Hier muß man zunächst zwei Problemkreise unterscheiden: (1) die Entstehung und Entwicklung der Traktate *De con-*

[20] Jacobi, 1980a, S. 394.

[21] St. Toulmin, The Use of Argument, Cambridge 1958 (u.ö.), bes. Kap. III.: The Layout of Arguments.

[22] Bird, 1961b. Vgl. auch ders., 1960 u. 1962. Birds Interpretation des *locus differentiae* als Satz (Bird, 1960, S. 147; 1961a, S. 66) ist allerdings eindeutig falsch; vgl. Green-Pedersen, 1981, S. 279 f.

[23] Bird, 1962, S. 321.

sequentiis und (2) die Herkunft der in diesen Texten enthaltenen Regeln.

(1) Die Entstehung der Traktate *De consequentiis* liegt um das Jahr 1300. Einer der ersten dieser Traktate, wenn nicht überhaupt der erste, wurde etwa zu dem genannten Zeitpunkt von Walter Burleigh verfaßt.[24] Der Anlaß zur Abfassung dieses Traktats war möglicherweise ein praktischer: Es schien nützlich, für die Disputationen eine Art Nachschlagliste gültiger Folgerungsregeln zur Verfügung zu haben.[25] Auf einen solchen Anlaß weist der Einganssatz in Burleighs Traktat[26] wie auch die ähnliche Bemerkung zu Beginn eines anonymen Traktats[27] hin, die beide von der Nützlichkeit ihres Traktats für die Disputationspraxis sprechen. Die ältesten Traktate *De consequentiis* stammen größtenteils aus England.[28] Auch der hier veröffentlichte Traktat, obwohl Wilhelm von Osma zugeschrieben, gehört eindeutig zu dieser Gruppe.

Dieser Entstehungsgrund aus praktischen Bedürfnissen erklärt auch den in diesen frühen Traktaten auffälligen Mangel an systematischer Verarbeitung des Materials, d.h. der aufgeführten Regeln. Burleighs Traktat und andere frühe Traktate[29] beginnen ohne eine Definition und ohne Einteilung der Folgerungen. Die Anordnung folgt keinem ersichtlichen systematischen Gesichtspunkt, so daß etwa bei Burleigh die „allgemeinen Regeln" am Ende des Traktats angeführt werden.[30] Bestimmte Einteilungen waren aus dem Herkunftszusammenhang vorgegeben, z.B. die Gruppe der Regeln zu exklusiven und exzeptiven Sätzen; so bei Burleigh und Wilhelm von Osma, bei denen aber die in diesem Zusammenhang häufig folgende Behandlung der

[24] Green-Pedersen, 1981, S. 283.

[25] Ebd. S. 284; ders., 1984, S. 292. – Ein Beispiel extremer Art, d.h. ein Traktat, der nur Regeln ohne Beispielsätze aufführt, stellt $Anonymus_3$, DC, dar (entstanden 1370–1380 ?).

[26] Burleigh, DC, S. 113 (Nr. 1).

[27] $Anonymus_4$, DC I, S. 109.

[28] Vgl. die Zusammenstellung in Green-Pedersen, 1983.

[29] Vgl. $Anonymus_2$, DC, S. 12.

[30] Burleigh, DC, S. 153–163 (Nr. 145–168).

reduplikativen Sätze fehlt, die in anderen Traktaten, so z.B. im anonymen *Liber consequentiarum,* auf die genannten Abschnitte folgt.[31] Der wenig systematische Charakter dieser Zusammenstellung von Folgerungsregeln wird auch im Traktat Wilhelms von Osma deutlich, wenn in diesem als letzter Abschnitt ohne weitere Überschrift einfach „andere, bisher nicht aufgeführte Regeln" aufgezählt werden, die in ganz verschiedene sachliche Zusammenhänge gehören. Dieser Sachverhalt erklärt auch, warum es schwierig ist, einen schematischen Überblick über das in diesen Traktaten zusammengestellte Material zu liefern – im Unterschied etwa zu den Traktaten über die Suppositionen. Die Traktate *De suppositionibus* sind jeweils aufgrund eines Einteilungsschemas der verschiedenen Suppositionen strukturiert, so daß es auch möglich ist, wie dies z.B. Maierù[32] und Enders[33] durchgeführt haben, sich aufgrund solcher Schemata einen raschen Überblick über Entwicklungen, Unterschiede usw. der Suppositionslehre zu verschaffen.

Bei den Traktaten *De consequentiis* liegt der Fall anders. Die Übersicht von Folgerungsregeln, wie sie z.B. Moody[34] oder Pozzi[35] versucht haben (die dabei nur wenige Autoren – vgl. Einleitung B 1 – untersucht haben und sich nur auf Auszüge aus deren Traktaten beziehen), zeigt, daß es nur einen minimalen „Kernbereich" von Regeln gibt, die bei mehreren Autoren aufgeführt werden, während zahlreiche Regeln nur bei dem einen oder dem anderen Autor vorkommen. Es ist anzunehmen, daß bei der weiteren Edition solcher Texte noch zahlreiche, bisher nicht erfaßte Regeln aufgefunden werden.

Der vorher genannte Mangel systematischer Verarbeitung des Materials wurde auch den Autoren des 14. Jahrhunderts rasch bewußt. Dies war vor allem dort der Fall,

[31] Anonymus$_4$, DC VIII, S. 158 f.
[32] Maierù, 1972, S. 306–317.
[33] Enders, 1975, S. 80–86.
[34] Moody, 1953, S. 80–100.
[35] Pozzi, 1978, S. 69–73.

wo die Folgerungsregeln nicht als selbständiges Lehrstück, sondern im Zusammenhang eines umfassenden Kompendiums der Logik behandelt wurden. Die wahrscheinlich frühesten Beispiele dafür finden sich in Burleighs *De puritate artis logicae* in seinen beiden Versionen[36] und in Ockhams *Summa logicae.*[37] Hier wurde nun versucht, die Abschnitte *De consequentiis* mit Definitionen und Einteilungen der Folgerungen zu beginnen. Auf die Probleme, die damit verbunden sind, braucht hier nicht eingegangen zu werden. Nicht unerwähnt bleiben darf jedoch der vielbeachtete Versuch Burleighs (der auch bei Ockham keine Entsprechung findet), zumindest einen Teilbereich von Folgerungen in einen beinahe axiomatischen Aufbau von Grundregeln und abgeleiteten Regeln zu fassen.[38]

Möglicherweise wirkten solche systematischen Analysen zurück auf die Regelsammlungen *De consequentiis,* so daß dort dann in einleitenden Paragraphen Definitionen und Einteilungen aufgeführt werden.[39] Es kommt aber auch vor, daß Definitionen und Einteilungen nur gelegentlich innerhalb der Regeln aufgeführt werden, wie dies z.B. im vorliegenden Traktat Wilhelms von Osma der Fall ist. Man wird auch annehmen können, daß manchmal ein weiterer Bearbeiter einfach zu einer ihm schon vorliegenden Regelsammlung einen solchen einleitenden Paragraphen hinzugefügt hat. Nimmt man also an, daß solche Definitionen und Einteilungen in frühen Traktaten eine gegenüber schon vorhandenen Regelsammlungen unabhängige Herkunft haben, so wird erklärlich, daß es manchmal schwierig bis unmöglich ist, die aufgeführten Regeln zur Gänze in den vorgelegten Einteilungen und Definitionen unterzubringen.

[36] Burleigh, TB I, 1, S. 199–219; TL II-1,1 – II-3,4, S. 60–197.

[37] Ockham, SL III-3, 1–38, S. 587–731.

[38] Burleigh, TL II-1, 1, S. 61,29–66,3. Vgl. dazu Prior, 1953; Boh, 1962, 1964, 1982.

[39] Eine andeutungsweise Definition, aber keine Einteilung findet sich z.B. im Anonymus$_1$, DC, S. 4 (Nr. 1), Definition und Einteilung z.B. im Anonymus$_3$, DC, fol. 36r–v. Im Anonymus$_4$, DC I, S. 109–113, werden in den einleitenden Paragraphen sogar beide, also Burleighs und Ockhams Einteilungen verwendet.

Nimmt man die Entstehungsgeschichte der Traktate in der Weise an, wie sie hier kurz dargestellt wurde, so ergibt sich daraus, daß zwar das in ihnen verwendete Material von Regeln und Definitionen eine Vorgeschichte hat, nicht aber der Traktat selbst.

Stump vertritt die Auffassung, daß eine Entwicklung von der Topik zu den Folgerungen stattgefunden habe.[40] Dem hat allerdings Green-Pedersen entgegengehalten, daß in den Kommentaren des 13. Jahrhunderts zur Topik des Aristoteles und zu *De differentiis topicis* des Boethius keine Entwicklung festzustellen ist, die in die Richtung einer systematischen Behandlung der verschiedenen Formen der Folgerung weist.[41] Man wird also annehmen müssen, daß die Regelsammlungen zu den Folgerungen einen unabhängigen, praktischen Ursprung haben. Dies ändert allerdings nichts daran (worauf auch Green-Pedersen selbst hinweist),[42] daß – vor allem bei der Burleigh-Ockham-Gruppe – bei dem Versuch, diesen Regelsammlungen durch Definitionen und Einteilungen eine theoretische Grundlage zu geben, auf Elemente zurückgegriffen wurde, die in Traktaten *De locis* zu finden sind. Wenn also wahrscheinlich auch keine Entwicklung von der Topik zu den Traktaten über die Folgerungen stattgefunden hat, so haben doch die m.E. in diesem Punkt besten und scharfsichtigsten Logiker der 1. Hälfte des 14. Jahrhunderts den Versuch einer systematischen Grundlegung der Folgerungslehre mit deutlicher Bezugnahme auf die *loci* unternommen. Auf die grundsätzliche Bedeutung dieses Punktes wurde am Ende des Abschnitts B 1 der Einleitung hingewiesen.

Für die Behandlung der *Einteilung* der Folgerungen in der ersten Hälfte des 14. Jahrhunderts ist kennzeichnend, daß es keine einheitliche Bestimmung der Unterscheidung von materialer und formaler Folgerung gab (vgl. dazu Einleitung C 4). Seit der Mitte des 14. Jahrhunderts scheint

[40] Stump, 1982a; ähnlich schon Boehner, 1952, S. 52 f.

[41] Green-Pedersen, 1981, S. 282 (in diesem Artikel ist bereits das Manuskript von Stump, 1982a, berücksichtigt); ders., 1984, S. 270.

[42] Ders., 1981, S. 281; ders., 1984, S. 291 u. 294.

sich, vor allem unter dem Einfluß von Buridans Traktat *De consequentiis,* durchgesetzt zu haben, die formale Folgerung als jene zu bezeichnen, die für alle Begriffe gilt, wenn die gleiche (syntaktische) Form vorliegt, während dies für die materiale Folgerung nicht gilt.[43] Im gleichen Zeitraum ist, wie eben schon ausgeführt, im Bezug auf die *Definition* der Folgerung jedenfalls für die Burleigh-Ockham-Gruppe kennzeichnend, daß für die Erklärung der Folgerungen, bei denen eine notwendige Verknüpfung von Antezedens und Konsequens vorliegt, auf die *loci,* also auf Regeln der Topik zurückgegriffen wurde,[44] während in späteren Traktaten der Verweis auf topische Regeln verschwindet – nicht aber die Definition der Folgerung selbst, die sich z.B. bei Wilhelm von Osma (VI.1), aber auch in dem einflußreichen Traktat Strodes[45] weiter findet. Durch das Ausscheiden des Rückgriffs auf topische Regeln könnte man also in diesem – durchaus zentralen – Punkt von einem „Begründungsdefizit" der späteren Traktate gegenüber jenen von Ockham und Burleigh sowie dem Anonymus$_4$ sprechen.

Etwa um die Mitte des 14. Jahrhunderts setzte eine breite Entwicklung der Abhandlungen *De consequentiis* ein, die ihren Niederschlag sowohl in selbständigen Traktaten als auch in entsprechenden Abschnitten umfassender Logiken fand. Besonders einflußreich wurden die schon genannten Traktate Buridans und Strodes. Ausführliche Diskussionen einzelner Probleme wurden in Kommentaren sowie in Traktaten durchgeführt, die unter der Bezeichnung *Contraconsequentiae* bekannt sind. So haben z.B. Alexander Sermoneta, Paul von Pergula und Cajetan von Thiene sich mit Strodes Folgerungslehre auseinandergesetzt.[46] Mit Ockhams Theorie der Folgerung beschäftigt sich kritisch

[43] Buridan, DC I, 4, S. 22,3–23,23.

[44] Vgl. Green-Pedersen, 1984, S. 282–284; Schupp, 1988, S. 80–83.

[45] Strode, DC, S. m4a (= Pozzi, 1978, S. 237).

[46] Excellentissimi [. . .] Magistri Alexandri Sermonete cum dubiis reverendi Pauli Pergulensis necnon eximii Gaetani de Thienis quibusdam declarativis in consequentias Strodi commentariolus, Venedig 1488.

ein Traktat des Pseudo-Bradwardine.[47] Ebenso gibt es zu dem bisher noch nicht edierten Traktat *De consequentiis* von Billingham sowohl Kommentare als auch *Contraconsequentiae.*[48] Eine Darstellung dieser gesamten, bisher nur unzureichend erforschten Entwicklung[49] würde selbstverständlich den Rahmen einer Einleitung überschreiten. Die Folgerungslehre blieb in der Form, wie sie im 14. Jahrhundert, besonders in der zweiten Hälfte, entwickelt wurde, auch in den folgenden Jahrhunderten maßgebend. Sie wurde auch breit und von zahlreichen Autoren behandelt, während in der zweiten Hälfte des 16. Jahrhunderts das Interesse an diesem Fragenkomplex stark nachließ und die verhältnismäßig selten gewordene Behandlung desselben nicht mehr das Niveau früherer Abhandlungen erreichte.[50]

(2) Die Frage der Herkunft der in den Traktaten *De consequentiis* enthaltenen Regeln kann nur eine vorläufige Antwort finden, da es bisher noch keine umfassende Übersicht über alle darin aufgeführten Regeln gibt und auch eine wichtige Gruppe von Traktaten, aus denen solche Regeln stammen dürften, nämlich die Kommentare zur *Ersten Analytik* des Aristoteles aus dem 13. Jahrhundert, nur unzureichend erforscht ist.[51] Eine weitere wichtige Quelle war ohne Zweifel Boethius' *De syllogismis hypotheticis*[52] bzw. die Behandlung des hypothetischen Syllogismus in zahlreichen Traktaten des 12. Jahrhunderts.[53] Dabei ist allerdings auffällig, daß nur eine Gruppe dieser Traktate die hypothetischen Syllogismen behandelt, während eine

[47] Bradwardine (?), DC.

[48] Vgl. De Rijk, 1976, S. 129–131.

[49] Zu Paul von Pergula vgl. Boh, 1965, zu Buridan und Marsilius von Inghen Bos, 1976. Besondere Aufmerksamkeit hat die Diskussion der Definition der Folgerung des Pseudo-Scotus erfahren; vgl. dazu Bendiek, 1952, und Mates, 1965.

[50] Vgl. Ashworth, 1974, S. 118–249.

[51] Bochenski, 1938, S. 107–109; Stump, 1982a, S. 292 f.; Green-Pedersen, 1984, S. 270.

[52] Green-Pedersen, 1981, S. 289.

[53] Viele dieser Traktate sind veröffentlicht in De Rijk, 1967.

andere nichts oder fast nichts dazu anführt.[54] Bei der ersten Gruppe findet sich auch eine Kombination der Behandlung der hypothetischen Syllogismen mit den *loci.*[55]

Weiterhin wurde in den Traktaten über die Folgerungen ohne Zweifel viel Material aus den Traktaten *De syncategorematibus* herangezogen, also den Traktaten, die den korrekten Gebrauch der formalen Teile der Sätze analysieren.[56] Eine letzte hier wichtige Gruppe stellen die zahlreichen Traktate *De sophismatibus* (*De insolubilibus*) dar.[57] Einige Traktate über die Folgerungen nehmen ausdrücklich auf Disputationen darüber Bezug.

Im 14. Jahrhundert wurde die logische Analyse von Aussagen auch in eigenen Traktaten, häufig unter der Bezeichnung *De probatione terminorum,* zusammengefaßt,[58] deren Inhalt sich teilweise mit dem der Traktate *De consequentiis* deckt. Der Zusammenhang läßt sich z.B. bei Billingham deutlich sehen, der Traktate zu beiden Gebieten verfaßt hat.[59] Eine Wechselwirkung zwischen diesen beiden Gruppen von Traktaten ist daher sicher anzunehmen.

Seit dem 13. Jahrhundert entwickelte sich in der Logik eine eigene Disziplin zur Einübung in die Regeln der Disputationspraxis, die ihren Niederschlag in Traktaten *De obligationibus* fand.[60] Diese Traktate konnten auch, so z.B. in Ockhams *Summa logicae,* im Zusammenhang der Gesamtdarstellung der Logik ihren Platz finden, wo die *obligationes* im Anschluß an die *consequentiae* behandelt

[54] Stump, 1982a, S. 278 f.; Green-Pedersen, 1981, S. 290. Zu der ersten Gruppe ist noch hinzuzufügen Wilhelm von Lucca, Summa dialectice artis, tractatus XII, S. 205–249.

[55] Stump, 1982a, S. 279; Green-Pedersen, 1981, S. 291.

[56] Vgl. z.B. Wilhelm von Sherwood, Syncategoremata; Petrus Hispanus, Tractatus Syncategorematum.

[57] Green-Pedersen, 1984, S. 292.

[58] Vgl. De Rijk, 1982.

[59] Billingham, Terminus est in quem (= De probatione terminorum) in der Edition Maierù, 1969, u. De Rijk, 1982, S. 45–186. Zu Billingham, DC (noch nicht ediert), vgl. De Rijk, 1976, S. 130 f.

[60] Vgl. Stump, 1982b; Spade, 1982; Schepers, 1984. – Es ist je-

werden.[61] Im allgemeinen galt vermutlich die Konsequenzenlehre als Voraussetzung für die Lehre von den Obligationen.[62] Der enge Zusammenhang der beiden Bereiche macht es jedoch verständlich, daß in Traktate über die Folgerungen auch manchmal Regeln aus den Traktaten über die Obligationen übernommen wurden. Das bekannteste Beispiel dafür liefern Strodes *Consequentiae*. Für den hier veröffentlichten Traktat Wilhelms von Osma trifft dies jedoch nur in ganz geringem Umfang zu.

Diese Herkunft der Regeln aus sehr verschiedenen Traktaten erklärt auch die schon zu Beginn genannte Schwierigkeit, einen umfassenden theoretischen Rahmen für alle diese Regeln präzise zu bestimmen.

doch beim gegenwärtigen Stand der Forschung noch nicht eindeutig klar, welche Zielsetzung letztlich den Traktaten *De obligationibus* zugrundeliegt.

[61] Ockham, SL III-3, 39–46, S. 731–746. Es ist jedoch umstritten, ob dieser Teil der SL von Ockham stammt; vgl. Richter, 1990.

[62] Dabei wurden allerdings im Rahmen der *obligationes* entscheidende Einschränkungen gegenüber den *consequentiae* vorgenommen.

C. Strukturfragen im Traktat Wilhelms von Osma

1. *Aufbau des Traktats*

Der Aufbau der Traktate über die Folgerungen hat keine feststehende Form. Zahlreiche Traktate beginnen mit allgemeinen Regeln (*regulae generales*),[1] ohne jedoch ausdrücklich zu sagen, was mit ‚allgemein' gemeint ist. Die allgemeinen Regeln werden aber gelegentlich auch am Ende des Traktats angeführt.[2]

Hinter der Einteilung einiger Kapitel des Traktats Wilhelms von Osma steht, wie bei zahlreichen anderen Autoren, die Unterscheidung in explizit und implizit hypothetische Aussagen.[3] In der mittelalterlichen Terminologie ist eine kategorische Aussage eine, die nur aus Subjekt, Prädikat und Kopula besteht. Eine hypothetische Aussage ist aus zwei oder mehreren kategorischen Aussagen zusammengesetzt, sie ist also eine in zwei oder mehrere Glieder unterteilbare Aussage, die durch ein logisches Verknüpfungszeichen (*nota*) oder mehrere verbunden ist. Die bei allen Autoren aufgeführte Kerngruppe hypothetischer Aussagen besteht aus der kopulativen, der disjunktiven und der konditionalen Aussage mit den entsprechenden Verknüpfungszeichen ‚und' (*et*), ‚oder' (*vel*) und ‚falls' (*si*).[4] Dieser Einteilung entsprechen im Traktat Wilhelms von Osma die Kapitel IV, V und VI.

Die implizit hypothetische Aussage (Ockham: die einer hypothetischen Aussage äquivalente Aussage) wird bei Ockham auf folgende Weise definiert:

[1] Z.B. Burleigh, TL I-1, S. 60; TB I, 1, S. 199; Lavenham, DC, S. 101 (Nr. 7); Anonymus$_4$, DC II, S. 114.

[2] Burleigh, DC X, S. 153 (Nr. 145); Ockham, SL III-3, 38, S. 727.

[3] Für diese Unterscheidung wurden verschiedene Terminologien gebraucht, die jedoch der Sache nach immer übereinstimmen.

[4] Vgl. z.B. Petrus Hispanus, Summule logicales I, S. 9, 4–13.

quaelibet categorica ex qua sequuntur plures propositiones categoricae tamquam exponentes eam, hoc est exprimentes quid illa propositio ex forma sua importat.[5]
eine beliebige kategorische (Aussage), aus der mehrere kategorische Aussagen als die sie exponierenden folgen, d.h. die ausdrücken, was jene Aussage aufgrund ihrer Form mit sich bringt.

Es handelt sich also um eine Aussage, die ihrer grammatischen Form nach eine kategorische Aussage ist, deren logische Analyse jedoch zeigt, daß sie mehrere Aussagen enthält. Die logische Operation der Durchführung einer solchen Analyse wird Exposition genannt. Die damit verbundenen Probleme wurden im 14. Jahrhundert in eigenen Traktaten *De probatione terminorum* behandelt.[6] Der Grundstock der implizit hypothetischen Aussagen sind die exklusiven, die exzeptiven und die reduplikativen Aussagen. Den ersten beiden Gruppen entsprechen die Kap. II und III bei Wilhelm von Osma; ein Kapitel über die reduplikativen Aussagen fehlt hier, es findet sich jedoch bei anderen Autoren.[7] Zu den implizit hypothetischen Aussagen wurden auch jene gezählt, die die Ausdrücke ‚beginnt' (*incipit*) und ‚hört auf' (*desinit*) enthalten. Entsprechend gibt es in verschiedenen Traktaten über die Folgerungen ein eigens diesen Aussagengruppen gewidmetes Kapitel,[8] während Wilhelm von Osma sie nur in Regel 13 des Kap. VII aufführt.

Das Kap. VII bei Wilhelm von Osma stellt (wie vermutlich schon in dessen Vorlage) eine Verlegenheitslösung dar. In diesem Kapitel werden einfach alle jene Regeln untergebracht, die nach dem genannten Einteilungsschema keinen systematischen Ort haben. Dabei ist allerdings zu sehen, daß eigentlich auch für Kap. I kein systematischer Gesichtspunkt angegeben wird, die Regeln z.B. über allgemeine Be-

[5] Ockham, SL II, 11, S. 279, 5–7.

[6] Der wohl am weitesten verbreitete Traktat dieser Art ist der von Billingham, Speculum puerorum (Terminus est in quem).

[7] Vgl. z.B. Anonymus$_4$ VIII, S. 158 f.; Marsilius von Inghen, DC, fol. 128v–130v; Anonymus$_3$, DC, fol. 38r–v.

[8] Vgl. z.B. Anonymus$_4$ XI, S. 165–167; Marsilius von Inghen, DC, fol. 130v–134r; Anonymus$_3$, DC, fol. 38v.

griffsrelationen aus Kap. VII also auch im ersten Kapitel des Traktats stehen könnten.[9]

2. *Folgerungen und Konditionalaussagen*

Schon die Aufzählung der syntaktischen Kennzeichen (*note*) der Folgerungen am Beginn des Traktats zeigt, daß Wilhelm von Osma keine klare Unterscheidung von Folgerungen und Konditionalaussagen (sowie Kausalaussagen) vornimmt. Eine korrekte Unterscheidung der aufgeführten Kennzeichen ergäbe:

consequentia:		ergo, ideo, igitur
propositio hypothetica	conditionalis:	si
	causalis:	quia

Kausalaussagen wurden als eigene Gruppe der hypothetischen Aussagen angesehen.[10] Die Kausalaussagen stehen jedoch in besonderer Nähe zu den Konditionalaussagen, da sie gewöhnlich in letztere umgeformt werden können,[11] weshalb sie häufig nicht eigens aufgeführt werden.

Das eigentliche Problem stellt die Unterscheidung von Folgerungen und Konditionalaussagen dar. Im Prinzip war die Unterscheidung in der mittelalterlichen Logik klar: Eine Konditionalaussage ist *eine* aus mehreren *zusammengesetzte* Aussage (also eine hypothetische Aussage in der mittelalterlichen Bedeutung dieses Begriffs), während eine

[9] Z.B. finden sich die Regeln VII.10, VII.11 u. VII.12 in Burleigh, DC X, unter den *regule generales* (Nr. 161, 157, 148).

[10] Vgl. z.B. Ockham, SL II, 1, S. 242, 26–28.

[11] Vgl. z.B. Fland, DC, S. 62 (Nr. 20): ‚*causalis et conditionalis de consimilibus terminis convertuntur*'.

Folgerung aus *zwei* (oder mehreren) Aussagen besteht.[12] Der Unterschied zeigt sich auch darin, daß eine Konditionalaussage als ‚wahr' (*vera*), eine Folgerung aber als ‚gültig' (*bona*) bezeichnet wird.[13] Eine Folgerung ist ein Argument, in dem der korrekte Übergang vom Antezedens zum Konsequens durch eine Folgerungsregel gewährleistet ist. In der formalen Folgerung (vgl. dazu C 4.1), die den Normalfall der Folgerung darstellt, wird die Wahrheit des Antezedens behauptet, so daß durch die Folgerungsregel die Wahrheit des Konsequens gewährleistet ist, d.h. aus einer *wahren* Aussage wird durch eine *gültige* Folgerungsregel eine weitere *wahre* Aussage abgeleitet. Demgegenüber ist eine wahre Konditionalaussage nur *eine* Aussage, für deren Wahrheit die Wahrheit ihrer Teile, des Antezedens und des Konsequens, nicht erfordert ist, wie z.B. Ockham ausdrücklich feststellt.[14]

In der Logik des Mittelalters wurde jedoch bei zahlreichen Autoren der Unterschied zwischen Konditionalaussagen und Folgerungen verwischt. Diese Verwischung der Unterscheidung fand sogar gelegentlich eine ‚systematische' Form. Pseudo-Scotus z.B. ordnet die Folgerungen unter die hypothetischen Aussagen ein und sagt, daß die Folgerungen durch konditionale oder rationale (d.h. begründende) Konjunktionen gekennzeichnet sind.[15] Die Verwischung der Unterscheidung erklärt sich daraus, daß den Regeln gültiger Folgerungen genau Gesetze wahrer Konditionalaussagen entsprechen. Selbstverständlich war es dann nicht möglich, für Konditionalaussagen eigene Regeln aufzufinden, so daß auch Wilhelm von Osma nur sagen kann, daß für Konditionalaussagen und Folgerungen die

[12] Morscher, 1971, S. 133 f.

[13] Vgl. z.B. Anonymus$_4$ II, S. 123, 204–207.

[14] Ockham, SL II, 30, S. 347, 14–17.

[15] Ps.-Scotus, In librum primum Priorum Analyticorum X, 7, S. 287 B.

gleichen Regeln gelten (VI. 2).[16] Obwohl also die theoretischen Grundlagen für eine Unterscheidung von Argumentationsregeln gültiger Folgerungen und Gesetzen wahrer Konditionalaussagen vorhanden waren, wurde diese Unterscheidung in der Praxis und so auch in den entsprechenden Traktaten nicht durchgeführt, was dann zu jenen Verlegenheitslösungen führte, für die Kap. VI bei Wilhelm von Osma ein Beispiel ist.

3. *Gültige und ungültige Folgerungen*

Im Traktat Wilhelms von Osma findet sich häufig der Ausdruck ‚gültige Folgerung' (*consequentia bona*). Der Ausdruck ‚gültig' ist dabei eigentlich redundant, außer man setzt voraus, daß es auch eine ‚ungültige Folgerung' (*consequentia mala*) geben könne. Während dies bei Wilhelm von Osma nicht vorausgesetzt scheint, findet sich diese Unterscheidung tatsächlich bei einigen Autoren, die allerdings eine Minderheit darstellen. So unterscheidet z.B. Ralph Strode zwischen einer ‚gebührenden' (*debite*) und einer ‚ungebührenden' (*indebite*) Herleitung des Konsequens aus dem Antezedens, weshalb es denn seiner Auffassung nach eine gültige (*bona*) und eine ungültige (*mala*) Folgerung gibt.[17] Hinter dieser Unterscheidung steht die Problematik der Sophismata, die als ungültige Folgerungen angesehen werden konnten. Allerdings ist eine ungültige Herleitung streng genommen überhaupt keine Herleitung und fällt somit gar nicht unter den Begriff der Folgerung. Es gibt daher in Wirklichkeit gar keine ‚schlechte' Folgerung, so daß

[16] Vgl. Ockham, SL II, 30, S. 347, 2 f.: ‚*condicionalis aequivalet uni consequentiae*'. Dasselbe bei Anonymus$_4$ V, S. 147, 24 f. Von *Äquivalenz* zu sprechen, ist allerdings streng genommen nicht korrekt, eher könnte man von einer *Entsprechung* von Gesetzen der Konditionalaussagen und Regeln der Folgerungen sprechen.

[17] Strode, DC, S. m4a (= Pozzi, 1978, S. 237). Vgl. Paul von Pergula, Logica IV, 1, S. 87, 6–12; Paulus Venetus, Logica parva, S. 65. Die beiden letzteren Autoren sind allerdings später als Wilhelm von Osma.

‚gültige Folgerung' und ‚Folgerung' als synonym angesehen werden müssen. Dies dürfte auch die Auffassung der Mehrzahl der Autoren sein. Sehr präzise ist dies in einem anonymen Traktat ausgesprochen:

Nulla argumentatio non valens est consequentia, et per consequens omnis consequentia est bona.[18]
Keine nicht geltende Argumentation ist eine Folgerung, und infolgedessen ist jede Folgerung eine gültige.

Dies dürfte auch der Grund sein, warum Wilhelm von Osma den Ausdruck ‚schlechte (*mala*) Folgerung' vermeidet und dafür den Ausdruck ‚Trugschluß des Konsequens' (*fallacia consequentis*) gebraucht (vgl. z.B. II.7).[19]

4. *Die Definition der formalen und materialen Folgerung*

Die Definition der Folgerung muß zusammen mit der grundlegenden Unterscheidung in formale und materiale Folgerung behandelt werden, da es ein Charakteristikum jedenfalls der frühen englischen Traktate ist, daß ein und dieselbe Definition in einem strukturell verschiedenen Sinn aufgefaßt wird, je nachdem ob sie für die formale oder für die materiale Folgerung gebraucht wird.

Wenn wir die in I.6 gegebene Bestimmung der Folgerung als Definition auffassen, müssen wir uns aber darüber im klaren sein, daß sie im Sinne der mittelalterlichen Logiker wohl eher als Kriterium, d.h. als Überprüfungsmittel der Gültigkeit einer Folgerung aufgefaßt wurde. Diese Definition besagt, daß es in einer gültigen Folgerung unmöglich ist, daß das Antezedens wahr ist, wenn nicht auch das Konsequens wahr ist. Man kann dies in folgender Weise symbolisieren:

I.6: $p \multimap q =_{def} U(p \wedge \neg q)$
oder: $p \multimap q =_{def} U(Wp \wedge Fq)$

[18] Anonymus3, DC, fol. 36r.
[19] Zu *fallacia consequentis* vgl. z.B. Ockham, SL III-4, 12, S. 826–831.

Diese Formalisierung ist der Sache nach in I.6 enthalten, nicht aber dem Wortlaut nach, in dem nicht von einer Konjunktion gesprochen wird. Daß diese Formalisierung aber berechtigt ist, zeigt ein Text des Anonymus$_6$:[20]

Est consequentia bona et formalis quandocumque ex contradictorio consequentis et antecedente fit una copulativa impossibilis sic quod una possibilis alteri repugnet formaliter.
Es liegt eine gültige und formale Folgerung vor, wann immer sich aus dem kontradiktorischen Gegenteil des Konsequens und dem Antezedens eine unmögliche kopulative (Aussage) ergibt, so daß die eine mögliche (Aussage) der anderen formal widerspricht.

In diesem Text ist auch sogleich die Äquivalenz von I.6 und I.3 ausgesprochen (zu ‚ϕ‘ = *‚repugnat‘* vgl. Kommentar zu I.3):

I.6: $p ⥽ q =_{def} U(p \wedge \neg q)$
$U(p \wedge \neg q) = p \, \phi \neg q$
I.3: $p ⥽ q =_{def} p \, \phi \neg q$

Diese Formel weist dieselbe Form wie die strikte Implikation auf.[21] Es ist jedoch sofort darauf hinzuweisen, daß sie jedenfalls bei der formalen Folgerung nicht eine definitorische Festlegung durch modale Wahrheitswerte darstellt, sondern in einem Begründungszusammenhang steht, d.h. sie wird an einer vorausliegenden, grundlegenderen Struktur abgelesen.

4.1. *Die formale Folgerung*

Für die formale Folgerung gilt: Es ist unmöglich, daß das Antezedens wahr ist, wenn nicht auch das Konsequens wahr ist (= I.6), *weil* das Konsequens formal im Antezedens (= I.1)[22] oder aus dem Antezedens (= VI.1) begriffen wird. Die Begründung der Gültigkeit einer formalen Folgerung findet sich in ähnlicher Form bei zahlreichen Logi-

[20] Anonymus$_6$, DC, fol. 35v.
[21] Lewis-Langford, 1959, S. 154 (Nr. 17. 12).
[22] Vgl. wörtlich übereinstimmend Fland, DC, S. 57 (Nr. 1): *‚consequens intellegitur in antecedente formaliter‘*.

kern des 14. Jahrhunderts, z.B. bei Billingham: das Konsequens ist ‚*de intellectu antecedentis*',[23] bei Strode: das Konsequens ist ‚*de formali intellectu antecedentis*'.[24] Es ist jedoch nicht richtig, dabei von ‚epistemischen' oder ‚psychologischen' Überlegungen zu sprechen.[25] Es handelt sich bei dem hier gemeinten Begreifen des Konsequens in oder aus dem Antezedens um eine streng formale Beziehung, die mit Burleigh als Inklusion bezeichnet werden könnte (*antecedens includit consequens*).[26] Die logische Form dieser Beziehung von Antezedens und Konsequens ist schon bei Abaelard klar festgelegt, der seinerseits auf Boethius zurückgegriffen hat.[27] Abaelard spricht von einer Herleitung (*inferentia*), für die gilt,

quod ex sensu antecedentis sententia exigitur consequentis.[28]
daß aus dem Sinn des Antezedens der Gehalt des Konsequens erfordert ist.

‚*Sensus*' und ‚*sententia*' sind schwer zu präzisieren und somit auch nicht leicht zu übersetzen. Daß dabei aber nur formale Überlegungen ins Spiel kommen, geht aus der näheren Präzisierung dieser Definition bei Abaelard hervor. Er unterscheidet bei der Herleitung eine vollkommene und eine unvollkommene. Für die vollkommene Herleitung gilt:

[23] Billingham, DC (Oxford, Bodl. Libr. Lat. misc. e 100), fol 56r. Ebenso im frühen Traktat Burleigh, DC V, S. 128 (Nr. 70), im Anonymus$_3$, DC, fol 37r (einem Traktat etwa aus der Zeit Wilhelms von Osma), und bei Lavenham, DC, S. 99 (Nr. 2).

[24] Strode, DC, S. m4a (= Pozzi, 1978, S. 238).

[25] Moody, 1953, S. 71, Vgl. auch Bottin, 1976, S. 30–32, in Bezug auf Paulus Venetus, Logica parva, S. 65, wo ‚*ymaginari*' verwendet wird.

[26] Burleigh, TL I-1, 1, S. 61, 7. Die *consequentia formalis* wird bei Burleigh ‚*naturalis*' genannt.

[27] Vermutlich spielte hier Boethius, In Topica Ciceronis commentarium, eine besonders wichtige Rolle, vgl. Martin, 1987, S. 400.

[28] Abaelard, Dialectica III-1, 2, S. 253, 29. – Die Herkunft dieser Auffassung ist in der megarisch-stoischen Logik zu suchen, vgl. Sextus Empiricus, Grundriß der Pyrrhonischen Skepsis II, 112, S. 181 f.: „Die nach dem ‚impliziten Sinn' Urteilenden schließlich sagen, eine Implikation sei wahr, deren Nachsatz im Vordersatz dem Sinn nach enthalten sei."

Perfecta quidem est inferentia, cum ex ipsius antecedentis complexione consequentis veritas manifesta est et antecedentis constructio ita est disposita, ut in se consequentis quoque constructionem contineat.[29]
Eine Herleitung ist vollkommen, wenn aus der Zusammensetzung (oder: Verknüpfung) des Antezedens selbst die Wahrheit des Konsequens offenbar ist und die Konstruktion des Antezedens so angelegt ist, daß sie in sich auch die Konstruktion des Konsequens enthält.

Es handelt sich hier also um eine Herleitung, die sich aus syntaktischen Regeln ergibt. Das Konsequens stellt somit eine den Regeln des korrekten Gebrauchs synkategorematischer Begriffe entsprechende formale Umformung des Antezedens dar.

Die unvollkommene Herleitung erfolgt nach Abaelard aufgrund der Natur der Dinge (*ex rerum natura*).[30] Damit werden jedoch nicht metaphysische und erkenntnistheoretische Kriterien eingeführt, vielmehr verweist Abaelard auf die Regeln der Topik:

Ubi inferentia perfecta non est, loci valet habitudo.[31]
Wo keine vollkommene Herleitung vorliegt, gilt die Beziehung eines (dialektischen) Ortes.

Es handelt sich hier also um eine Herleitung des Konsequens aus dem Antezedens aufgrund einer topischen Regel. Die meisten dieser Regeln betreffen semantische Beziehungen der kategorematischen Begriffe des Antezedens und des Konsequens. Auch diese Form der Herleitung ist jedoch, wie die vollkommene, notwendig. Im 12. und 13. Jahrhundert galt zunehmend die Auffassung, daß (nach Eliminierung einiger *loci*) topische Regeln notwendige Argumentationsformen begründen.[32] Bei Wilhelm von Lucca, einem Nachfolger Abaelards aus den letzten Jahrzehnten des 12. Jahrhunderts, finden wir genau die Formulierung des Begreifens des Konsequens *im* Antezedens, der wir auch bei Wilhelm von Osma und anderen Autoren des

[29] Abaelard, Dialectica III-1, 2, S. 253, 31–34.
[30] Ebd. III-1, 2, S. 255, 7–9.
[31] Ebd. III-1, 2, S. 257, 11 f.
[32] Stump, 1982, S. 290.

14. Jahrhunderts begegnen. Wilhelm von Lucca sagt auch, daß das Konsequens kraft der Form der Aussage im Antezedens eingeschlossen ist (*includi*):[33]

veluti hec propositio ‚homo est' ita quando antecedit ad istam ‚animal est' quod non solum ista ad illum necessario sequitur, sed etiam in illa intelligitur.[34]

wie z.B. die Aussage ‚ein Mensch existiert', wenn sie der Aussage ‚ein Lebewesen existiert' so vorangeht, daß nicht nur die letztere auf die erstere notwendig folgt, sondern auch in ihr (d.h. in der ersteren) begriffen wird.

Abaelard hatte dieses Verständnis der Folgerung mit Hilfe eines zweifachen Begriffs der Notwendigkeit der Folge expliziert:

Videntur autem due consecutionis necessitates: una quidem largior, cum videlicet id quod dicit antecedens non potest esse absque eo quod dicit consequens; alia vero strictior, cum scilicet non solum antecedens absque consequenti non potest esse verum <sed etiam> ex se ipsum exigit; que quidem necessitas in propria consecutionis sententia consistit et veritatem tenet incommutabilem.[35]

Es zeigen sich zwei Notwendigkeiten der Folge: und zwar eine im weiteren Sinn, dann nämlich, wenn das, was das Antezedens aussagt, nicht sein kann ohne das, was das Konsequens aussagt; eine andere aber im engeren Sinn, wenn nämlich nicht nur das Antezedens nicht ohne das Konsequens wahr sein kann, sondern es (d.h. das Konsequens) auch aus sich selbst fordert; und zwar besteht diese (letztere) Notwendigkeit im eigentlichen (Bedeutungs-) Gehalt des Folgens und enthält die unveränderliche Wahrheit (desselben).

Die Struktur einer Folgerung ergibt sich also daraus, daß die innere Form des Antezedens die innere Form des Konsequens fordert, und darauf beruht die Notwendigkeit der Folgerungsbeziehung. Diese Auffassung blieb maßgebend auch für die weitere Entwicklung der mittelalterlichen Folgerungslehre. Dies bedeutet für den vorliegenden Traktat: In erster Linie gilt I.1, und *weil* I.1 gilt, gilt I.6 und I.8.

33 Wilhelm von Lucca, Summa dialectice artis XII, S. 206 (Nr. 12.04).

34 Ebd.

35 Abaelard, Dialectica III-1, 4, S. 283,37–284,3. Vgl. dazu Martin, 1987, 392–394.

Abaelard wollte wohl die Fälle, in denen nur die weitere Form der Notwendigkeit gilt, gar nicht als Form des Folgens anerkennen. Dem folgten schon zahlreiche Logiker seiner Zeit nicht.[36] Auch Wilhelm von Osma folgte – mit der überwiegenden Mehrheit der Logiker des 14. Jahrhunderts – dieser Auffassung nicht, wie im folgenden Abschnitt deutlich werden wird. Trotzdem bleibt der an Abaelards Auffassung gezeigte Hintergrund weiterhin wirksam. Und somit gilt die für den Systematiker der Logik unbefriedigende, aber für den Historiker nicht zu umgehende Auskunft: Wilhelm von Osma nahm mit der Mehrzahl der Logiker seiner Zeit zwar an, daß in I.6 eine *allgemeinere* Definition der Folgerung vorliegt (die die formale wie die materiale Folgerung umgreift), er hielt aber doch I.1 für die *eigentliche* Form der Folgerung, und somit begann er sofort mit der formalen Folgerung, ohne auch nur die Unterscheidung zur materialen Folgerung einzuführen.

Abaelards vollkommene und unvollkommene Herleitung findet sich – in anderer Terminologie – bei Ockham wieder als die zwei Arten der formalen Folgerung,[37] die beide – in der vorher angeführten Terminologie Abaelards – unter den engen Begriff der Notwendigkeit fallen. Dies scheint der Bestimmung der formälen Folgerung bei allen frühen englischen Traktaten zur Folgerungslehre zugrundezuliegen, auch dort, wo die formale Folgerung nicht ausdrücklich in diese beiden Gruppen unterschieden wird, wie dies auch bei Wilhelm von Osma der Fall ist. Das Begreifen des Konsequens in oder aus dem Antezedens bedeutet also: Das Konsequens folgt mit Notwendigkeit aufgrund formaler syntaktischer oder semantischer Regeln aus dem Antezedens, und *deshalb* ist es unmöglich, daß das Antezedens wahr und das Konsequens falsch ist. Dir formale Folgerung wird also *nicht* durch Wahrheitswerte definiert, vielmehr *ergeben* sich die Wahrheitswerte aus einer syntak-

[36] Vgl. ebd. 398–400.

[37] Ockham, SL III-1, 1, S. 588,23–589,54. Diese Textstelle ist allerdings zu korrigieren nach Schupp, 1991. Dieselbe Definition in korrekter Form in Anonymus$_4$, DC I, S. 110,27–111,63.

tischen oder semantischen Beziehung von Antezedens und Konsequens. Der Ausgangspunkt wird somit in analysierten Aussagen genommen; die Grundlage der Geltung der Regeln der formalen Folgerung liegt deshalb in einer Logik der (synkategorematischen und kategorematischen) Begriffe.

4.2. *Die materiale Folgerung*

Die Bezeichnung ‚materiale Folgerung' wird im Traktat Wilhelms von Osma nicht verwendet. Da dieser Begriff jedoch als Gegenbegriff zu dem der formalen Folgerung fest eingeführt war und die entsprechenden Regeln (I.17 und I.18) aufgeführt werden, dürfte dem Fehlen dieses Begriffs keine besondere Bedeutung beizumessen sein, d.h. er wird vermutlich als bekannt vorausgesetzt.

In der Mehrzahl der frühen englischen Traktate wird die materiale Folgerung nicht definiert; die Autoren hatten offensichtlich Schwierigkeiten, eine befriedigende Definition zu finden. Die materiale Folgerung wird daher negativ gegenüber der formalen Folgerung abgegrenzt und durch die zwei entsprechenden Regeln in ihrem Anwendungsbereich umschrieben. Ein gutes Beispiel für diese Vorgangsweise liefert Billingham:

Consequentia materialis est illa, ubi antecedens est propositio impossibilis vel ubi consequens est necessarium, et consequens non intelligitur in antecedente.[38]
Eine materiale Folgerung ist jene, in der das Antezedens eine unmögliche Aussage ist oder in der das Konsequens notwendig ist, und (in der) das Konsequens nicht im Antezedens begriffen wird.

Diese Definition kann unmittelbar auf den Text Wilhelms von Osma bezogen werden und besagt dann: Eine materiale Folgerung liegt genau in den Fällen vor, die in I.17 (notwendiges Konsequens) und I.18 (unmögliches An-

[38] Billingham, DC (Oxford, Bodl. Libr. ms. Lat. misc. e 100), fol. 56r.

tezedens) aufgeführt werden, für die I.1 (Begreifen des Konsequens im Antezedens) nicht zutrifft.

Nicht viel anders lautet die negative Abgrenzung bei Manlevelt, wenn er sagt, daß bei der materialen Folgerung keine wechselseitige Beziehung der Termini der Außenglieder, also des Antezedens und des Konsequens, vorliegt.[39] Ganz ähnlich sagt Burleigh von der materialen Folgerung negativ, daß bei ihr das Antezedens das Konsequens nicht einschließt und daß sie aufgrund einer äußerlichen Regel (*regula extrinseca*) gilt, wofür er als Beispiel die I.18 entsprechende Regel anführt.[40]

Eine positive Definition liegt bei Ockham vor:

Consequentia materialis est quando tenet praecise ratione terminorum et ratione alicuius medii extrinseci respicientis praecise condiciones propositionum.[41]

Eine materiale Folgerung liegt dann vor, wenn sie genau aufgrund der Termini und aufgrund eines äußerlichen Mittels gilt, das genau die allgemeinen Bedingungen der Aussagen betrifft.

Was Ockham unter den allgemeinen Bedingungen der Aussagen versteht, sagt er unmittelbar vorher: Wahrheit, Falschheit, Notwendigkeit, Unmöglichkeit. Dabei stellt Ockham ausdrücklich abgrenzend fest, daß im Unterschied zur materialen Folgerung die formalen Folgerungen aufgrund von Regeln gelten, die *nicht* diese allgemeinen Bedingungen der Aussagen betreffen.[42] Da Ockham wie alle anderen frühen englischen Autoren nur die beiden Regeln für eine Folgerung aus einer unmöglichen und zu einer notwendigen Aussage für die materiale Folgerung anführt,[43] kommen hier nur die Bedingungen von Notwendigkeit und Unmöglichkeit in Frage. Damit ist die Struktur der mate-

[39] Manlevelt, DC, fol. 60r: ‚*extremarum nulla est habitudo illius consequentie ad invicem*'.

[40] Burleigh, TL II-1, 1, S. 61, 8–12.

[41] Ockham, SL III-3, 1, S. 589, 55–57. Zur Textkorrektur dieser Stelle vgl. Schupp, 1991.

[42] Ockham, SL III-3, 1, S. 589, 50–54. Zur Textkorrektur dieser Stelle vgl. Schupp, 1991.

[43] Ockham, SL III-3, 38, S. 730,88–731,92.

rialen Folgerung klar: Zunächst muß aufgrund der Termini der jeweiligen Aussage feststehen, daß das Antezedens unmöglich bzw. das Konsequens notwendig ist, und dann kann aufgrund dieser Bedingungen eine der beiden Regeln (die I.17 und I.18 entsprechen) angewandt und somit eine gültige Folgerung aufgestellt werden. Es muß also (für den heutigen Leser) ausdrücklich betont werden, daß *nur* bei der materialen Folgerung etwas ins Spiel gebracht wird, was einer Definition durch (modal verstärkte) Wahrheitswerte entspricht, wobei diese Form der Folgerung auf die beiden paradoxen Fälle beschränkt bleibt. Demgegenüber ist die Gültigkeit der formalen Folgerungen (bei Ockham ganz ausdrücklich) *nicht* durch Wahrheitwerte festgelegt, sondern durch Begriffsbeziehungen zwischen Antezedens und Konsequens.

Man kann die beiden Fälle der materialen Folgerung in folgender Weise symbolisieren:

I.17: $Nq \Vdash p \prec q$
I.18: $Up \Vdash p \prec q$

Die Regeln I.17 und I.18 entsprechen somit den Paradoxien der strikten Implikation.[44]

In den die materiale Folgerung behandelnden Regeln I.15–I.18 ist eine bestimmte Systematik enthalten. Um diese zu verdeutlichen, verwenden wir ausnahmsweise das Zeichen ‚ → ‘. Dieses soll jedoch *nicht* die materiale Implikation im modernen Sinn bedeuten, sondern nur eine Folgerung, bei der die Modalität noch nicht festgelegt ist. Es gilt dann:

$$p \prec q =\text{def } N(p \rightarrow q)$$

Kontingent wahre Aussagen sind wie üblich definiert:

$$Kp =\text{def } Wp \wedge M(Fp)$$

Auf dieser Grundlage läßt sich folgende Tabelle aufstellen. Wie daran deutlich wird, geht es bei den Regeln I.15–I.18 nur um die Frage, unter welchen Bedingungen ‚$p \prec q$‘ gilt,

[44] Lewis-Langford, 1959, S. 174 (Nr. 19.73 u. 19.74); Moody, 1953, S. 87 f.; Broadie, 1987, S. 71.

falls das Antezedens oder das Konsequens unmöglich oder notwendig ist, und es geht auch nur darum, festzustellen, wann eine notwendige Folgerung vorliegt (die Frage einer nicht notwendigen, aber doch wahren Folgerung tritt hier überhaupt nicht ins Blickfeld).

p	q	p → q	
U	W	N	I.18: Up ⊩ p ⥽ q
U	F	N	
W	N	N	I.17: Nq ⊩ p ⥽ q
F	N	N	
N	W	¬N	I.15: Np, Kq ⊩ ¬(p ⥽ q)
N	F	¬N	
W	U	¬N	I.16: Kp, Uq ⊩ ¬(p ⥽ q)
F	U	¬N	

Die Geltung dieser Regeln war nicht unumstritten (vgl. weiter oben Abaelard). Petrus Hispanus lehnte sie überhaupt ab mit der Begründung, daß zwischen Antezedens und Konsequens eine Beziehung des Einschließens (*habitudo includentis*) oder des Enthaltens (*habitudo continentis*) vorliegen müsse, was dann nicht der Fall ist, wenn Beliebiges aus Unmöglichem oder Notwendiges aus Beliebigem folgt.[45] Auch im 14. Jahrhundert wurden diese beiden Regeln und damit die materiale Folgerung (in diesem Sinn; zu einem anderen Sinn vgl. weiter unten) manchmal abgelehnt. So sagt z.B. Richard Ferrybridge, daß er diese Regeln nicht als gültig anerkennt, weil eine Folgerung eine Beziehung zwischen Antezedens und Konsequens darstellt, was bei den Aussagen der genannten Art nicht der Fall ist.[46] Die überwiegende Mehrzahl der Autoren des 14. Jahrhunderts akzeptierte aber diese Regeln, auch wenn Ock-

[45] Petrus Hispanus, Tractatus syncategorematum, S. 47vb; engl. Übers. in Mullally, 1964, 56.

[46] Richard Ferrybridge, DC I (= Pozzi, 1978, 262): ‚*consequentia est consecutio sive relatio quae est inter antecedens et consequens cuiusmodi non est in proposito*'.

hams Auffassung, daß sie wenig gebraucht werden,[47] vermutlich von den meisten Autoren geteilt wurde.

Bei der Frage nach der Herkunft dieser beiden Regeln verwiesen die mittelalterlichen Autoren[48] auf eine topische Regel bei Boethius:

Si id quod minus videtur inesse inest, id quod magis videbitur inesse inerit.[49]
Wenn das, was weniger innezusein scheint, inne ist, wird das, was mehr innezusein scheint, inne sein.

Diese Herkunft wird z.B. von Burleigh zur Begründung der Regel der Folgerung von Unmöglichem zu Beliebigem verwendet:

Et regula innititur loco a minori, quia impossibile videtur minus esse verum quam quodcumque aliud; et ideo, si impossibile sit verum, sequitur per locum a minori, quod quodcumque aliud erit verum.[50]
Die Regel stützt sich auf den (dialektischen) Ort vom Geringeren, weil das Unmögliche weniger wahr scheint als jegliches andere; und deshalb folgt, wenn Unmögliches wahr ist, aufgrund des (dialektischen) Orts vom Geringeren, daß jegliches andere wahr sein wird.

Mehr als diese nicht sehr befriedigende Begründung für die beiden Paradoxien können wir auch bei Wilhelm von Osma nicht voraussetzen. Die ingeniösen, logisch korrekten Beweise, die sich bei Pseudo-Scotus für diese Fälle finden,[51] wurden in den frühen englischen Traktaten nicht herangezogen.

4.3 *Zusammenfassung*

Die Folgerungslehre der frühen englischen Traktate enthält somit drei verschiedene Arten von Regeln entsprechend

[47] Ockham, SL III-3, 38, S. 731, 91 f.: *‚istae regulae non sunt multum usitatae‘*.
[48] Ausdrücklich z.B. Lavenham, DC, S. 101 (Nr. 6).
[49] Boethius, De differentiis topicis II, PL 64, 1191 A.
[50] Burleigh, TL II-1, 1, S. 61, 12–16.
[51] Ps.-Scotus, In librum primum Priorum Analyticorum Aristotelis quaestiones X, 14–16, S. 288 AB.

den verschiedenen Arten der Begründung der Gültigkeit einer Folgerung,[52] die sich beziehen auf die

(1) syntaktische Form der Aussagen (2) semantische(n) Beziehung(en) zwischen Antezedens und Konsequens	formale Folgerung
(3) modal qualifizierten Wahrheitswerte von Antezedens oder Konsequens (= zwei paradoxe Fälle)	materiale Folgerung

Da nach der bei Wilhelm von Osma vorauszusetzenden Unterscheidung von formaler und materialer Folgerung nur I.17 und I.18 materiale Folgerungen betreffen (I.15 und I.16 sagen nur, daß in bestimmten Fällen keine gültigen Folgerungen vorliegen), muß angenommen werden, daß alle Regeln des Traktats mit Ausnahme von I.15–I.18 formale Folgerungen betreffen.

Die spätere Folgerungslehre seit Buridan und Pseudo-Scotus definierte die formale und materiale Folgerung anders: Eine formale Folgerung ist eine, die bei allen Termini gilt, wenn die gleiche Form der Aussagen beibehalten wird; eine materiale Folgerung ist eine, die nicht bei allen Termini gilt, wenn die gleiche Form beibehalten wird.[53] Nach Buridan und Pseudo-Scotus kann eine materiale Folgerung auf eine formale Folgerung zurückgeführt werden.[54] Mit dieser Reduktion sind zunächst jene Fälle gemeint, die in den frühen englischen Traktaten diejenigen Folgerungen betreffen, die kraft einer semantischen Beziehung gelten; vgl. oben (2). Mit Hilfe eines interessanten Beweises ge-

[52] Dieses Schema findet sich am präzisesten bei Ockham, SL III-3,1, S. 588,23–589,58, vgl. dazu Schupp, 1991, und im Anonymus$_4$ I, S. 111,46–112,76; vgl. dazu Schupp, 1988, S. 31–35.

[53] Buridan, DC, I, 4, S. 22, 5 f. u. 23, 10–13; Ps.-Scotus, In librum primum Priorum Analyticorum Aristotelis quaestiones X, 8 u. 9, S. 287 B.

[54] Buridan, DC, I, 4, S. 23,14–24,45; Ps.-Scotus, In librum primum Priorum Analyticorum Aristotelis quaestiones X, 9 u. 10, S. 287 B – 288 B.

lingt es jedoch Pseudo-Scotus, auch die beiden paradoxen Fälle aus (3) auf eine formale Folgerung zurückzuführen.[55] Da der Traktat Wilhelms von Osma jedoch in keiner Berührung mit dieser Entwicklung steht, braucht dieses Einteilungs- und Definitionsschema hier nicht weiter verfolgt zu werden.

Der Übergang von der einen Form der Definition und Einteilung zur anderen war jedoch fließend und nicht so, daß die eine Form die andere ausgeschlossen hätte. Lavenham, ein Logiker etwa aus der Zeit Wilhelms von Osma, stellte z.B. beide Formen nebeneinander,[56] und dasselbe galt noch für die *Logica parva* des Paulus Venetus,[57] womit wir also bereits am Übergang vom 14. zum 15. Jahrhundert sind. Es gehörte eben durchaus zur Arbeitsweise mittelalterlicher Logiker, gelegentlich einander überschneidende Definitionen und Einteilungsschemata nebeneinander stehen zu lassen.

5. *Die schlechthin und die für-jetzt gültige Folgerung*

In VI.3 führt Wilhelm von Osma die Unterscheidung in eine schlechthin gültige (*simplex*) und eine für-jetzt gültige (*ut nunc*) Folgerung an, ohne jedoch eine Definition für diese beiden Arten der Folgerung zu liefern. Wir können dafür Ockhams Definitionen heranziehen. Eine schlechthin gültige Folgerung gilt für jede Zeit (*pro omni tempore*),[58] während dies für die für-jetzt gültige Folgerung nicht erfordert ist:

[55] Ebd. X, 15 u. 16, S. 288 B.

[56] Lavenham, DC, S. 99 f. (Nr. 2–4); die formale Folgerung Buridans wird hier ‚*formalis generaliter*' genannt, die materiale Folgerung Buridans hingegen ‚*formalis specialiter*'.

[57] Paulus Venetus, Logica parva, S. 65; neben der älteren Unterscheidung *materialis – formalis* im Sinne von Ockham steht hier ‚*bona de forma*' und ‚*bona de materia*' für die formale und materiale Folgerung im Sinne Buridans.

[58] Ockham, SL III-3, 1, S. 588, 18–22; vgl. Anonymus$_4$ I, S. 109,17–110,22; Burleigh TL II-1, 1, S. 60,29–61,2.

Consequentia ‚ut nunc' est quando antecedens pro aliquo tempore potest esse verum sine consequente, sed non pro isto tempore.[59]
Eine für-jetzt gültige Folgerung liegt dann vor, wenn das Antezedens für eine bestimmte (d.h. andere) Zeit wahr sein kann ohne das Konsequens, aber nicht für diese (d.h. die jetzige) Zeit.

Als Beispiel führt Ockham an: *‚Jedes Lebewesen läuft; folglich läuft Sokrates'.* Diese Folgerung gilt nur für die Zeit, zu der Sokrates lebt, während dann, wenn Sokrates gestorben sein wird, das Antezedens wahr sein kann, während das Konsequens falsch sein wird.[60]

Der in VI.3 eingeführten Unterscheidung steht jedoch – unter Voraussetzung von Ockhams Definition der für-jetzt gültigen Folgerung – die Regel I.8 entgegen:

Si sit aliqua consequentia et antecedens potest esse verum et consequens falsum, casu possibili posito, consequentia non valet.
Falls eine Folgerung vorliegt, und – gesetzt den Fall, dies sei möglich – das Antezedens wahr und das Konsequens falsch sein kann, dann ist die Folgerung nicht gültig.

Eine fast gleichlautende Definition findet sich bei Burleigh ausdrücklich auf die *consequentia simplex* bezogen:

Si in quacumque simplici consequentia antecedens posset esse verum in aliquo tempore sine consequente, quocumque casu possibili posito, consequentia non valet.[61]
Wenn in irgendeiner schlechthin gültigen Folgerung das Antezedens zu irgendeiner Zeit ohne das Konsequens wahr sein könnte, gesetzt den Fall, dies sei möglich, dann ist die Folgerung nicht gültig.

Da Wilhelm von Osma I.8 ohne Einschränkung auf die schlechthin gültige Folgerung aufstellt, diese Definition jedoch nur auf diese zutrifft, ergibt sich streng genommen der Ausschluß der für-jetzt gültigen Folgerung, also die Gleichsetzung von ‚Folgerung' mit ‚schlechthin gültiger

59 Ockham, SL III-3, 1, S. 587, 11–13. Burleigh TL II-1, 1, S. 61,3, fordert nicht nur, daß sie zu einem anderen Zeitpunkt auch nicht gelten *kann*, sondern, daß sie nicht immer gilt: *‚quae tenet pro determinato tempore et non semper';* ebenso Anonymus$_4$ I, S. 110, 23 f.

60 Ockham, SL III-3, 1, S. 588,13–589,19.

61 Burleigh, DC I, S. 115 (Nr. 9).

Folgerung'. Eine solche Auffassung wurde auch von einigen wenigen Autoren im 14. Jahrhundert vertreten, so von Marsilius von Inghen,[62] Ralph Strode,[63] Pseudo-Bradwardine[64] und dem Anonymus$_3$, der feststellt, daß ‚*consequentia*' und ‚*consequentia simpliciter bona*' synonyme Termini sind.[65]

Es könnte also der Fall sein, daß Wilhelm von Osma die eben genannte Auffassung vertrat, dann aber doch – inkonsequenterweise – in VI.3 die von der Mehrzahl der Autoren angenommene Unterscheidung *simplex – ut nunc* aufführte.

62 Marsilius von Inghen, DC, fol. 108v–109r.
63 Strode, DC, S. m4b (= Pozzi, 1978, S. 239).
64 Ps.-Bradwardine, DC II u. III, S. 92 f.
65 Anonymus$_3$, DC, fol. 36v.

D. Zur Übersetzung, zum Kommentar

Die Übersetzung eines Textes wie des vorliegenden erfordert Genauigkeit, ohne daß dabei auf Schönheit oder Eleganz des Stils Rücksicht genommen werden kann.

Eine Schwierigkeit lag bei der Übersetzung von indefiniten Termini vor (z.B. ‚*homo*'). Eine Wiedergabe solcher Termini ohne Artikel hätte die Beispielsätze unverständlich gemacht. Es wurde deshalb der durch Regel I.10 ermöglichte Weg gewählt, indefinite Termini durch partikuläre wiederzugeben, also z.B. ‚*homo*' durch ‚ein Mensch'. In den wenigen Fällen, bei denen die mittelalterliche Suppositionslehre für solche indefiniten Termini eine andere Supposition vorsieht, wurde die entsprechende Quantifizierung in der Übersetzung hinzugefügt, allerdings in Klammern, um auf diesen besonderen Fall aufmerksam zu machen (vgl. I.21.5 und 1.22). Um dieses ‚ein', das vor einem indefiniten Terminus gesetzt wird, von ausdrücklich partikulären Termini zu unterscheiden, wurde ‚*aliquis*' durch ‚irgendein' übersetzt.

Übersetzungen von Fachbegriffen lassen immer Probleme offen. In der vorliegenden Übersetzung wurde ‚*propositio*' mit ‚Aussage' wiedergegeben (auch ‚Satz' wäre möglich) und ‚*terminus*' mit ‚Terminus' (auch ‚Begriff' wäre möglich). Die Wahl dieser Terminologie beruht darauf, daß in anderen Traktaten ‚Satz' bzw. ‚Begriff' häufig für die Wiedergabe anderer lateinischer Termini gebraucht werden. So weit wie möglich wurde ein lateinischer Fachbegriff immer durch dasselbe deutsche Wort wiedergegeben. In einigen wenigen Fällen legte sich jedoch ein Abgehen von dieser Regel nahe. So wird z.B. ‚*pars*' im Zusammenhang kopulativer und disjunktiver Aussagen mit ‚Glied' wiedergegeben, bei exklusiven und exzeptiven Aussagen aber durch ‚Teil', um auf die Gleichartigkeit im ersten und die Ungleichwertigkeit im zweiten Fall hinzuweisen. Ähnliches gilt für ‚*sequitur*', das mit ‚es folgt' wiedergegeben wird, wenn es sich auf ein Konsequens bezieht, aber mit ‚es gilt', wenn es auf eine ganze Folgerung bezogen ist.

Im Text und in der Übersetzung wurde auf die Setzung von Anführungszeichen verzichtet; die sonst auf diese Weise gekennzeichneten Worte und Sätze wurden dafür in Kursivdruck gesetzt.

Im Kommentar stellte sich die schwierige Frage der Formalisierung und Symbolisierung der Regeln. Zunächst muß klar sein, daß es sich bei allen Regeln um metasprachliche Regeln handelt. Eine dem Gebrauch der modernen Logik entsprechende Wiedergabe hätte erfordert, das Antezedens über das Konsequens zu schreiben und beide durch einen Strich zu trennen. Diese Darstellungsweise war drucktechnisch zu aufwendig. Das Zeichen ‚ $\Vdash$ ‘ hat jedoch die Funktion, genau diesen Sachverhalt wiederzugeben, es soll also ausdrücken: Wenn das Antezedens behauptet wird, so kann das Konsequens behauptet werden. Es muß kein Konsequens behauptet werden, aber wenn eines behauptet wird, dann eben nur dieses oder ein diesem äquivalentes.

Die Frage der Formalisierung der mittelalterlichen Logik ist ziemlich umstritten. Es ist bekannt, daß die Logiker des Mittelalters von einigen Voraussetzungen ausgingen, die in den meisten Systemen der modernen Logik entweder nicht vorhanden sind oder diesen sogar widersprechen.[1] Besonders aufschlußreich dafür ist z.B. der prädikative Gebrauch von ‚*ens*‘ und ‚*non-ens*‘, der in der modernen Prädikatenlogik ausgeschlossen ist. Eine einfache ‚Übersetzung‘ von Regeln der mittelalterlichen Logik in Formeln der üblichen modernen Aussagen- und Prädikatenlogik ist daher nicht möglich. Eine Verwendung von möglicherweise adäquateren Systemen wie etwa des von Henry herangezogenen Systems Lejewskis[2] oder des Systems von Sommers[3] brächte die Schwierigkeit mit sich, daß diese den meisten Lesern vermutlich nicht bekannten Systeme mit deren ontologischen und semantischen Voraussetzungen erst einmal dargestellt werden müßten, was den Rahmen eines Kommentars eines Studientextes bei weitem überschreiten wür-

[1] Vgl. dazu z.B. Henry, 1980, u. Sommers, 1982.
[2] Vgl. Henry, 1972.
[3] Vgl. Sommers, 1982.

de. Auf Formalisierung ganz zu verzichten, schien nicht zweckmäßig, da ein Minimum an formalisierender Interpretation das Verstehen für den heutigen Leser erleichert.[4] Diese Formalisierung hat aber im vorliegenden Zusammenhang einen primär hermeneutischen Zweck, d.h. sie soll das Verständnis erleichtern; es soll damit jedoch nicht beansprucht werden, daß diese Formalisierungen einen konsistenten, axiomatisch aufbaubaren Kalkül ergeben.

Zahlreiche systematische Fragen müssen dabei offen bleiben. So wird z.B. im Traktat Wilhelms von Osma häufig mit Unter- bzw. Überordnung von Termini gearbeitet, was ohne Schwierigkeit durch das Zeichen ‚<' oder ‚>' wiedergegeben werden kann. Dies reicht für den vorliegenden Zweck aus, auch wenn dabei die Frage offen bleibt, ob diesen Zeichen eine extensionale oder intensionale Interpretation oder vielleicht beides zugeordnet werden soll. Soweit allerdings systematische Fragen eine eindeutige Antwort erfordern, um den vorliegenden Traktat zu verstehen, wird selbstverständlich versucht, diese Antworten zu geben. Was z.B. mit *‚consequentia'* oder mit *‚repugnat'* gemeint ist, muß mit möglichster Präzision dargestellt werden.

Im Kommentar wurde bei alle Formalisierungen die im Mittelalter allgemein angenommene Gleichsetzung von Verb (z.B. *‚currit'*) und Kopula mit Adjektiv (z.B. *‚est currens'*) vorausgesetzt.

Der mögliche Umfang des Kommentars ließ es nicht zu, in eine Diskussion mit anderen modernen Interpretationen einzutreten.[5] Parallelstellen aus Texten anderer mittelalterlicher Logiker wurden nur dort herangezogen, wo sie für das bessere Verständnis einer Regel bei Wilhelm von Osma hilfreich schienen. Die meisten der aufgeführten Regeln unseres Traktats finden sich auch in zahlreichen anderen Traktaten. All diese – sachlich nicht weiterführenden –

[4] Die Verwendung von Klammern ließe sich streng regeln. Im Kommentar wurde jedoch auf bessere Übersichtlichkeit Rücksicht genommen; es werden daher gelegentlich Klammern gesetzt, die nicht unbedingt erfordert sind (z.B. Kap. III, Anm. 52).

[5] Einige dieser Fragen wurden in Schupp, 1988, behandelt.

Parallelstellen aufzuführen, hätte den Kommentar nur unnötig belastet.[6]

Im Kommentar wird bei der Zählung folgende Konvention angewandt: Sind in einer Regel mehrere enthalten, so werden diese durch Hinzufügung einer weiteren Zahl kenntlich gemacht (z.B. I.21.1); wird jedoch eine im Traktat Wilhelms von Osma nicht enthaltene Regel aufgeführt – was nur in wenigen Ausnahmefällen geschieht –, so wird dies durch Hinzufügung eines Buchstabens kenntlich gemacht (z.B. VII.9a).

Die Anmerkungsziffern im lateinischen Text beziehen sich auf den textkritischen Apparat, die Anmerkungsziffern in der deutschen Übersetzung beziehen sich auf den Kommentar.

[6] Zur Zusammenstellung einiger Regelgruppen vgl. Moody, 1953, 82–100, u. Pozzi, 1978, 69–73.

WILHELM VON OSMA

DE CONSEQUENTIIS

ÜBER DIE FOLGERUNGEN

Conspectus siglorum

D	codex Danzig, Bibliotheca Municipialis 2181, fol. 68ra–71vb	< >	supplevi
		add.	addit
		del.	delevit
D^m	manus quae scripsit in margine	*interlin.*	inter lineas
]	scripsi(t)		

<De consequentiis>[1]

Über die Folgerungen

68ra Consequentia est quoddam[2] aggregatum[3] ex antecedente et consequente cum nota consequentie. Antecedens est illud quod precedit nota<m> consequentie. Et sunt note consequentie: *ergo, ideo, igitur, si* et *quia*.

Eine Folgerung ist ein Zusammengesetztes aus Antezedens und Konsequens mit einem Kennzeichen der Folgerung. Das Antezedens ist das, was dem Kennzeichen der Folgerung vorangeht. Und die Kennzeichen der Folgerung sind: *also, deshalb, somit, wenn* und *weil.*[1]

[1] Christus *in summa pagina* D^m
[2] quoddam] quedam *D*
[3] aggregatum] agregratum D^m

<Cap. I. De regulis generalibus>

Ad cognoscendum autem, que consequentie sunt bone et formales, dantur regule generales, quarum prima est hec:

1ª regula.[4] **Quelibet consequentia est bona et formalis, ubi consequens intelligitur formaliter in antecedente,** ut hec est consequentia bona et formalis: *homo currit; ergo animal currit.*

2ª regula. Alia regula est ista: **In omni bona consequentia et formali[5] ex contradictorio consequentis sequitur contradictorium antecedentis,** ut ista consequentia est bona: *homo currit; ergo animal currit,* quia ex contradictorio istius: *animal currit* sequitur contradictorium istius: *homo currit,* quia sequitur: *nullum animal currit; ergo nullus homo currit.*

3ª regula. Alis regula est ista, quod **in omni consequentia bona et formali[6] contradictorium consequentis repugnat antecedenti,** ut ista consequentia bona est: *homo currit; ergo animal currit,* quia iste due repugnant: *nullum animal currit* et[7] *homo currit.*

4ª regula. Alia regula est ista, quod **quicquid sequitur ad consequens, sequitur ad antecedens,** ut ista consequentia: *homo currit; ergo animal currit;* quia sequitur ad consequens: *animal currit; ergo corpus <currit>*, sequitur ad antecedens: *homo currit; ergo corpus <currit>*.

5ª regula. Alia regula est ista, quod **quicquid antecedit ad antecedens, antecedit ad consequens,** ut: *homo currit; ergo animal currit;* ista consequentia est bona, quia quicquid antecedit ad hoc antecedens: *homo currit,* antecedit ad hoc consequens: *animal currit;* nam ad hoc antecedens:

[4] 1ª regula] D^m *sic etiam in sequentibus regulis*
[5] formali] formalis *D*
[6] formali] formalis *D*
[7] et] sequitur *D*

Kap. I. Über die allgemeinen Regeln

Um aber zu erkennen, welche Folgerungen gültig[2] und formal sind, werden allgemeine Regeln angegeben; deren erste ist diese:[3]

1. Regel. **Jede beliebige Folgerung ist gültig und formal, in der das Konsequens formal im Antezedens begriffen wird;**[4] z.B. ist dies eine gültige und formale Folgerung: *ein Mensch läuft; also läuft ein Lebewesen.*

2. Regel. Eine andere Regel ist diese: **In jeder gültigen und formalen Folgerung folgt aus dem kontradiktorischen Gegenteil des Konsequens das kontradiktorische Gegenteil des Antezedens;**[5] z.B. ist diese Folgerung gültig: *ein Mensch läuft; also läuft ein Lebewesen,* weil aus dem kontradiktorischen Gegenteil von *ein Lebewesen läuft* das kontradiktorische Gegenteil von *ein Mensch läuft* folgt, weil gilt: *kein Lebewesen läuft; also läuft kein Mensch.*

3. Regel. Eine andere Regel ist diese, daß **in jeder gültigen und formalen Folgerung das kontradiktorische Gegenteil des Konsequens dem Antezedens widerspricht;**[6] z.B. ist diese Folgerung gültig: *ein Mensch läuft; also läuft ein Lebewesen,* weil diese beiden einander widersprechen: *kein Lebewesen läuft* und *ein Mensch läuft.*

4. Regel. Eine andere Regel ist diese, daß, **was immer auf das Konsequens folgt, auf das Antezedens folgt;**[7] z.B. diese Folgerung: *ein Mensch läuft; also läuft ein Lebewesen;* da auf das Konsequens folgt: *ein Lebewesen läuft; also läuft ein Körper,* folgt auf das Antezedens: *ein Mensch läuft; also läuft ein Körper.*

5. Regel. Eine andere Regel ist diese, daß, **was immer dem Antezedens vorangeht, auch dem Konsequens vorangeht;**[8] z.B.: *ein Mensch läuft; also läuft ein Lebewesen;* diese Folgerung ist gültig, weil, was immer dem Antezedens *ein Mensch läuft* vorangeht, dem Konsequens *ein Lebewesen*

68rb *homo currit* / antecedit: *Sortes currit,* et inde antecedit ad consequens: *animal currit;* sequitur: *Sortes currit; ergo animal currit.*

6ª regula. Alia regula est ista: **Si sit aliqua consequentia et[8] impossibile est, quod antecedens[9] sit verum nisi consequens sit verum, ista consequentia est bona,** ut: *tu curris; ergo tu moveris.*

7ª regula. Alia regula est ista, quod **quando arguitur a primo ad ultimum, si omnes consequentie sunt bone et formales et non variate, est bona consequentia.**

Etiam est argumentatio[10] a primo ad ultimum, quando consequens prime consequentie est[11] antecedens secunde consequentie, ut hic: *homo currit, ergo animal currit; animal currit, ergo corpus currit; corpus currit, ergo substantia currit;* ergo a primo ad ultimum: *homo currit; ergo substantia currit.* Sed si consequentie intermedie sint variate, tunc non valet consequentia, ut: *si nullum tempus est, dies non est; et si dies non est, <et> aliquod tempus est, nox est; <et si nox est,> ergo aliquod tempus est;* ergo a primo ad ultimum: *si nullum tempus est, aliquod tempus est;* et causa est, quod consequentia media est variata.

8ª regula. Alia regula est ista: **Si sit aliqua consequentia, et antecedens potest esse verum[12] et consequens falsum, casu possibili posito, consequentia non valet,** ut: *tu moveris; ergo tu curris.*

9ª regula. Alia regula est ista: **Ab universali ad suam particularem tam affirmativam quam negativam sibi subalternam est consequentia bona;** affirmative,[13] ut: *omne animal*

[8] et] et non *D*
[9] antecedens] consequens *D*
[10] argumentatio] argumentatione *D*
[11] est] con *add. et del. D*
[12] verum] falsum *add. et del. D*
[13] affirmative] affirmativa *D*

läuft vorangeht; denn dem Antezedens *ein Mensch läuft* geht *Sokrates läuft* voran, und dieses geht daher dem Konsequens *ein Lebewesen läuft* voran; es gilt: *Sokrates läuft; also läuft ein Lebewesen.*

6. Regel. Eine andere Regel ist diese: **Wenn eine Folgerung vorliegt und es unmöglich ist, daß das Antezedens wahr ist, wenn nicht auch das Konsequens wahr ist, dann ist diese Folgerung gültig;**[9] z.B. *du läufst; also bewegst du dich.*

7. Regel. Eine andere Regel ist diese, daß, **wenn vom ersten zum letzten argumentiert wird, die Folgerung gültig ist, falls alle Folgerungen gültig, formal und nicht verändert sind.**[10]

Ebenso ist es eine Argumentation vom ersten zum letzten, wenn das Konsequens der ersten Folgerung das Antezedens der zweiten Folgerung ist; z.B. hier: *ein Mensch läuft, also läuft ein Lebewesen; ein Lebewesen läuft, also läuft ein Körper; ein Körper läuft, also läuft eine Substanz;* also vom ersten zum letzten: *ein Mensch läuft; also läuft eine Substanz.* Falls aber die dazwischenliegenden Folgerungen verändert sind, dann ist die Folgerung nicht gültig; z.B.: *falls es keine Zeit gibt, dann ist es nicht Tag; und falls es nicht Tag ist und es irgendeine Zeit gibt, dann ist Nacht; und falls es Nacht ist, dann gibt es irgendeine Zeit;* also vom ersten zum letzten: *falls es keine Zeit gibt, dann gibt es irgendeine Zeit;* und die Ursache ist, daß die dazwischenliegende Folgerung verändert ist.[11]

8. Regel. Eine andere Regel ist diese: **Falls eine Folgerung vorliegt und – gesetzt den Fall, dies sei möglich – das Antezedens wahr und das Konsequens falsch sein kann, dann ist die Folgerung nicht gültig;**[12] z.B.: *du bewegst dich; also läufst du.*

9. Regel. Eine andere Regel ist diese: **Von einer universellen Aussage zu einer ihr subalternen partikulären, sei sie affirmativ oder negativ, ist eine gültige Folgerung;**[13] affirmativ z.B.: *jedes Lebewesen läuft; also läuft irgendein Le-*

currit; ergo aliquod animal currit; negative, ut: *nullum animal currit; ergo aliquod animal*[14] *non currit.*

68va 10ª regula. Alia regula / est ista: **A particulari ad suam indefinitam est bona consequentia tam affirmative quam negative;** <affirmative> ut: *aliquod animal currit; ergo animal currit,* et <e> converso: *animal currit; ergo aliquod animal currit;* negative, ut: *aliquod animal non currit; ergo animal non currit,* et e converso.[15]

11ª regula. Alia regula est ista, quod **ab universali affirmativa ad suam singularem affirmativam sine debito medio in rebus corruptibilibus non valet consequentia,** ut ista consequentia non valet[16]: *omnis homo currit; ergo iste homo currit;* sed aliquando tenet gratia terminorum, ubi subiectum propositionis supponit pro re incorruptibili, ut ista consequentia est bona: *omnis sol lucet; ergo iste sol lucet;* et tenet in constructione partitiva, ut hic: *uterque istorum <hominum> currit; ergo iste homo currit* demonstrato uno[17] illorum.

12ª regula. Alia regula est ista, quod **ab universali negativa ad suam singularem negativam est bona consequentia,** ut: *nullus homo currit; ergo iste homo non*[18] *currit.*

13ª regula. Alia regula est ista, quod **ab universali affirmativa ad suam singularem cum debito medio est bona consequentia,** ut: *omnis homo currit, iste est homo; ergo iste homo currit.*

14ª regula. Alia regula est ista: **In omni bona consequentia et formali, si antecedens sit verum, consequens erit verum,** quia ex vero non sequitur nisi verum in consequentia bona;

[14] aliquod animal] homo *D*
[15] converso] contra *D sic saepe*
[16] valet] valet ut *D*
[17] uno] unum *D*
[18] non] *D*^{m}

bewesen; negativ z.B.: *kein Lebewesen läuft; also läuft irgendein Lebewesen nicht.*

10. Regel. Eine andere Regel ist diese: **Von einer partikulären zu einer entsprechenden indefiniten Aussage ist eine Folgerung sowohl affirmativ wie negativ gültig;**[14] affirmativ z.B.: *irgendein Lebewesen läuft; also läuft ein Lebewesen* und umgekehrt: *ein Lebewesen läuft; also läuft irgendein Lebewesen;* negativ z.B.: *irgendein Lebewesen läuft nicht; also läuft ein Lebewesen nicht* und umgekehrt.

11. Regel. Eine andere Regel ist diese, daß **von einer universell affirmativen zu einer entsprechenden singulär affirmativen Aussage bei vergänglichen Dingen ohne das erforderliche Zwischenglied die Folgerung nicht gültig ist,**[15] z.B. ist diese Folgerung nicht gültig: *jeder Mensch läuft; also läuft dieser Mensch.* Manchmal aber ist sie gültig kraft der Termini, wo das Subjekt der Aussage für ein unvergängliches Ding supponiert; z.B. ist diese Folgerung gültig: *jede Sonne leuchtet; also leuchtet diese Sonne.* Und sie ist gültig in einer partitiven Konstruktion, z.B. hier: *jeder dieser beiden Menschen läuft; also läuft dieser Mensch,* wobei auf einen von diesen hingewiesen wird.

12. Regel. Eine andere Regel ist diese, daß **von einer universell negativen zu einer entsprechenden singulär negativen Aussage die Folgerung gültig ist;**[16] z.B.: *kein Mensch läuft; also läuft dieser Mensch nicht.*

13. Regel. Eine andere Regel ist diese, daß **von einer universell affirmativen zu einer entsprechenden singulären Aussage mit dem erforderlichen Zwischenglied die Folgerung gültig ist;**[17] z.B.: *jeder Mensch läuft, dieser ist ein Mensch; also läuft dieser Mensch.*

14. Regel. Eine andere Regel ist diese: **In jeder gültigen und formalen Folgerung wird, falls das Antezedens wahr ist, das Konsequens wahr sein,** weil in einer gültigen Folgerung aus Wahrem nur Wahres folgt; wo aber das Anteze-

sed ubi antecedens est falsum, non sequitur, <quod> consequens sit falsum, ut patet per versum: Ex falso verum et ex vero[19] non nisi verum.

15^{a} regula. Alia regula est ista: **Ex necessario numquam sequitur contingens,** quia necessarium non potest esse falsum, et contingens potest esse falsum, ut ista consequentia non valet: *Deus est; ergo tu curris.*

68vb 16^{a} regula. Alia regula est ista, quod **ex contingenti / non sequitur impossibile,** ut ista consequentia non valet: *tu curris; ergo homo est asinus.*

<17^{a} regula.> Alia regula est ista: **Necessarium sequitur ad quodlibet,** ut ista consequentia est bona: *tu curris; ergo Deus est.*

<18^{a} regula.> Alia regula est ista, quod **ex impossibili[20] sequitur quodlibet sequens ex ipso impossibili**; unde bene sequitur: *tu es asinus; ergo tu curris.*

<19^{a} regula.> Alia regula est ista, quod **ab inferiori ad suum superius sine negatione, sine distributione, sine aliqua dictione habente vim negationis vel distributionis est bona consequentia tam per se quam per accidens**; per se, ut: *homo currit; ergo animal currit;* per accidens, ut: *homo albus currit; ergo album currit.*

Ad cognoscendum autem, quid sit superius et quid inferius, docet Aristoteles in libro predicamentorum, et dicit, quod superius est illud a quo non convertitur subsistendi[21] consequentia, ut hic: *homo currit; ergo animal currit;* et non sequitur e converso, ut: *animal currit; ergo homo currit;* et ideo iste terminus *animal* est superior ad istum terminum *homo*, et iste terminus *homo* est inferior ad istum terminum *animal.*

[19] vero] vere *D*
[20] impossibili] impossibile *D*
[21] subsistendi] substistendi *D*

dens falsch ist, folgt nicht, daß das Konsequens falsch ist, wie dies durch den Vers offenkundig ist: Aus Falschem Wahres, aus Wahrem nur Wahres.[18]

15. Regel. Eine andere Regel ist diese: **Aus Notwendigem folgt niemals Kontingentes,** weil Notwendiges nicht falsch sein kann, während Kontingentes falsch sein kann;[19] z.B. ist diese Folgerung nicht gültig: *Gott existiert; also läufst du.*

16. Regel. Eine andere Regel ist diese, daß **aus Kontingentem nicht Unmögliches folgt;**[20] z.B. ist diese Folgerung nicht gültig: *du läufst; also ist ein Mensch ein Esel.*

17. Regel. Eine andere Regel ist diese: **Notwendiges folgt auf Beliebiges;**[21] z.B. ist diese Folgerung gültig: *du läufst; also existiert Gott.*

18. Regel. Eine andere Regel ist diese, daß **aus Unmöglichem Beliebiges folgt,**[22] **das aus dem Unmöglichen selbst folgt**; daher folgt richtig: *du bist ein Esel; also läufst du.*

19. Regel. Eine andere Regel ist diese, daß **von einem Untergeordneten zu dem ihm Übergeordneten ohne Negation, ohne Distribution und ohne einen Ausdruck, der negierende oder distribuierende Kraft hat, die Folgerung sowohl an sich als auch akzidentell gültig ist;**[23] an sich z.B.: *ein Mensch läuft; also läuft ein Lebewesen;* akzidentell z.B.: *ein weißer Mensch läuft; also läuft ein Weißes.*

Um aber zu erkennen, was das Übergeordnete und was das Untergeordnete ist, gilt die Lehre des Aristoteles im Buch über die Prädikamente, wenn er sagt, daß das Übergeordnete jenes ist, von dem aus die Folgerung des Existierens nicht umgekehrt wird;[24] z.B. hier: *ein Mensch läuft; also läuft ein Lebewesen;* und es gilt nicht umgekehrt, z.B.: *ein Lebewesen läuft; also läuft ein Mensch;* und deshalb ist der Terminus *Lebewesen* dem Terminus *Mensch* übergeordnet und der Terminus *Mensch* dem Terminus *Lebewesen* untergeordnet.

<20^{a} regula.> Alia regula est ista: **Omne se habens per modum appositionis respectu alterius inferius est eo**; ut capiatur *homo* et *homo*, neuter istorum est inferior ad reliquum; sed addatur uni istorum iste terminus *albus*, tunc iste terminus cui fit additio[22] est inferior ad alium, ut iste terminus *homo albus* est inferior ad istum terminum *homo*. Et ideo ista consequentia est bona: *homo albus currit; ergo homo currit,* quia arguitur ab inferiori ad suum superius.

69ra <21^{a} regula.> Alia regula est ista: **Arguendo ab inferiori / ad superius negatione postposita est bona consequentia,** ut: *homo non currit; ergo animal non currit.*

Et est sciendum, quod quinque modis fallit consequentia ab inferiori ad suum superius.

Primo modo est: quando arguitur ab inferiori ad suum superius negatione preposita, non valet consequentia, ut: *non: homo currit; <ergo> non: animal currit.*

Secundo modo: quando arguitur ab inferiori ad suum superius a parte predicati dictione exclusiva addita subiectis, <non valet consequentia>, ut: *tantum homo currit; ergo tantum homo movetur.*

Tertio modo: quando arguitur ab inferiori ad suum superius cum nota alietatis, non valet consequentia, ut: *tu es aliud ab asino; ergo tu es aliud ab animali.*

Quarto modo est: quando arguitur ab inferiori ad suum superius affirmative vel negative cum distributione, non valet consequentia, ut: *omnis homo currit; ergo omne*

[22] additio] *ex* aditionem *D*

20. Regel. Eine andere Regel ist diese: **Alles, was sich nach der Weise der Hinzufügung in Hinsicht auf ein anderes verhält, ist diesem untergeordnet;**[25] nimmt man z.B. *Mensch* und *Mensch*, so ist keiner der beiden (Termini) dem anderen untergeordnet; wird jedoch einem von diesen der Terminus *weiß* hinzugefügt, dann ist jener Terminus, bei dem die Hinzufügung vorgenommen wird, dem anderen untergeordnet; z.B. ist der Terminus *weißer Mensch* dem Terminus *Mensch* untergeordnet. Und deshalb ist diese Folgerung gültig: *ein weißer Mensch läuft; also läuft ein Mensch,* weil von einem Untergeordnetem zu dem ihm Übergeordneten argumentiert wird.

21. Regel. Eine andere Regel ist diese: **Wird von einem Untergeordneten zum Übergeordneten bei nachgestellter Negation argumentiert, so ist die Folgerung gültig;**[26] z.B.: *ein Mensch läuft nicht; also läuft ein Lebewesen nicht.*

Und man muß wissen, daß die Folgerung von einem Untergeordneten zu dem ihm Übergeordneten auf fünf Weisen fehlgeht.

Auf die erste Weise: Wenn von einem Untergeordneten zu dem ihm Übergeordneten bei vorangestellter Negation argumentiert wird, dann ist die Folgerung nicht gültig;[27] z.B.: *nicht: ein Mensch läuft; also nicht: ein Lebewesen läuft.*

Auf die zweite Weise: Wenn von einem Untergeordneten zu dem ihm Übergeordneten auf seiten des Prädikats argumentiert wird, wobei ein exklusiver Ausdruck den Subjekten hinzugefügt ist, dann ist die Folgerung nicht gültig;[28] z.B.: *nur ein Mensch läuft; also bewegt sich nur ein Mensch.*

Auf die dritte Weise: Wenn von einem Untergeordneten zu dem ihm Übergeordneten mit einem Kennzeichen der Andersheit argumentiert wird, dann gilt die Folgerung nicht;[29] z.B.: *du bist etwas anderes als ein Esel; also bist du etwas anderes als ein Lebewesen.*

Auf die vierte Weise: Wenn von einem Untergeordneten zu dem ihm Übergeordneten affirmativ oder negativ mit Distribution argumentiert wird, dann gilt die Folgerung nicht;[30] z.B. (affirmativ): *jeder Mensch läuft; also läuft*

animal currit; et similiter negative, ut: *nullus homo currit; ergo nullum animal currit.*

Quinto modo: quando arguitur ab inferiori cum ista dictione *sicut* vel *quam* vel *tam*, tali comparativo gradu vel superlativo non valet consequentia, ut: *tu es magis fortis*[23] *quam iste homo; ergo tu es magis fortis quam homo,* nec ista: *tu es fortior illo homine; ergo tu es fortior homine,* nec[24] ista: *tu es fortissimus istorum hominum; ergo tu es fortissimus hominum.*

<22ª regula.> Alia regula est ista: **Arguendo a superiori ad suum inferius sine negatione et sine distributione et sine aliqua dictione habente vim negationis vel distributionis non valet consequentia,** ut ista consequentia non valet: *animal currit; ergo homo currit.*

69rb Et est sciendum,[25] / quod quando arguitur a superiori ad suum inferius cum aliqua dictione habente vim negationis precedente terminum inferiorem et superiorem, consequentia est bona, ut: *tu es ita fortis sicut animal; ergo tu es ita fortis sicut homo.*

<23ª regula.> Alia regula est ista: **In omni consequentia bona et formali, ubi arguitur ab inferiori ad suum superius, distributo consequente sequitur antecedens distributum,** ut sequitur: *homo currit, ergo animal currit; omne animal currit, ergo omnis homo currit.*

[23] fortis] *Dm*
[24] nec] ut *D*
[25] Nota quod arguendo *in infima col. 69 ra Dm*

jedes Lebewesen, und entsprechend negativ, z.B.: *kein Mensch läuft; also läuft kein Lebewesen.*

Auf die fünfte Weise: Wenn von einem Untergeordneten mit dem Ausdruck *wie*, *als* oder *ebenso* argumentiert wird, dann gilt bei einem solchen Komparativ oder Superlativ die Folgerung nicht;[31] z.B.: *du bist stärker als dieser Mensch; also bist du stärker als (jeder) Mensch;* und auch diese (gilt nicht): *du bist jenem Menschen gegenüber stärker; also bist du (jedem) Menschen gegenüber stärker;* oder jene: *du bist der Stärkste von diesen Menschen; also bist du der Stärkste der Menschen.*

22. Regel. Eine andere Regel ist diese: **Wird von einem Übergeordneten zu dem ihm Untergeordneten ohne Negation, ohne Distribution und ohne einen Ausdruck, der negierende oder distribuierende Kraft hat, argumentiert, so ist die Folgerung nicht gültig;**[32] z.B. ist diese Folgerung nicht gültig: *ein Lebewesen läuft; also läuft ein Mensch.*

Und man muß wissen, daß, wenn von einem Übergeordneten zu dem ihm Untergeordneten mit einem Ausdruck, der negierende Kraft hat und der dem untergeordneten und dem übergeordneten Terminus vorangeht, argumentiert wird, die Folgerung gültig ist;[33] z.B.: *du bist ebenso stark wie (jedes) Lebewesen; also bist du ebenso stark wie (jeder) Mensch.*

23. Regel. Eine andere Regel ist diese: **In jeder gültigen und formalen Folgerung, in der von einem Untergeordneten zu dem ihm Übergeordneten argumentiert wird, folgt bei distribuiertem Konsequens das distribuierte Antezedens;**[34] z.B. folgt: *ein Mensch läuft, also läuft ein Lebewesen; jedes Lebewesen läuft, also läuft jeder Mensch.*

<Cap. II. De dictionibus exclusivis>

Sequitur de dictionibus exclusivis. Sciendum est, quod dictiones exclusive sunt iste: *tantum, tantummodo, solum, solummodo, precise, dumtaxat* et similia.

1ª regula. Et est sciendum, quod **quelibet propositio in qua ponitur aliqua istarum dictionum a parte subiecti debet exponi per duas exponentes, per unam affirmativam et per aliam negativam, sive sit propositio affirmativa, sive negativa,** ut ista propositio: *tantum homo currit* exponitur sic: *homo currit, et nichil aliud ab homine currit; ergo tantum homo currit;* et ista propositio: *tantum homo non currit* exponitur: *homo non currit, sed quodlibet aliud ab homine currit; ergo tantum homo non currit.*

2ª regula. Alia regula est ista: **Ab exclusiva ad suam universalem de terminis transpositis et in terminis rectis singulari numero cum verbo de presenti est bona consequentia,** ut: *tantum homo currit; ergo omne currens est homo,* et e
69va converso: *omne currens / est homo; ergo tantum homo currit.* Sed in obliquis terminis[26] von valet consequentia, ut: *cuiuslibet hominis asinus currit; ergo tantum currens est hominis asinus.* Quando antecedens potest esse verum et consequens falsum casu possibili posito, consequentia non valet. Posito, quod quilibet homo habeat duos asinos, unum iacentem et alium currente<m>, tunc est antecedens verum: *cuiuslibet hominis asinus currit,* et consequens est falsum, scilicet[27]: *tantum currens est hominis asinus,* quia cuiuslibet[28] hominis est iacens asinus.

3ª regula. Alia regula est ista: **Ab exclusiva ad suum preiacens[29] est bona consequentia,** ut hic: *tantum homo currit;*

[26] terminis] veras (?) *D*
[27] scilicet] quia *D*
[28] cuiuslibet] cuiusdam *D*
[29] preiacens] preiacentem *D*

Kap. II. Über die exklusiven Ausdrücke

Es folgt die Behandlung der exklusiven Ausdrücke. Man muß wissen, daß die exklusiven Ausdrücke die folgenden sind: *nur, nur allein, bloß, bloß allein, genau,*[35] *lediglich* und ähnliche.

1. Regel. Man muß wissen, daß **eine beliebige Aussage, gleich ob sie affirmativ oder negativ ist, in der einer dieser Ausdrücke auf seiten des Subjekts gesetzt wird, durch zwei Exponenten exponiert werden muß, durch einen affirmativen und einen anderen negativen;** z.B. wird die Aussage: *nur ein Mensch läuft* so exponiert: *ein Mensch läuft, und nichts anderes als ein Mensch läuft; also läuft nur ein Mensch.* Und die Aussage *nur ein Mensch läuft nicht* wird so exponiert: *ein Mensch läuft nicht, aber jedes beliebige andere als ein Mensch läuft; also läuft nur ein Mensch nicht.*[36]

2. Regel. Eine andere Regel ist diese: **Von einer exklusiven Aussage zur entsprechenden universellen Aussage mit transponierten Termini und auch bei direkten singulären Termini mit einem Verb im Präsens ist eine gültige Folgerung;**[37] z.B.: *nur ein Mensch läuft; also ist jedes Laufende ein Mensch;* und umgekehrt: *jedes Laufende ist ein Mensch; also läuft nur ein Mensch.* Aber bei obliquen Termini ist die Folgerung nicht gültig; z.B.: *jedes beliebigen Menschen Esel läuft; also ist nur Laufendes Esel eines Menschen.* Wenn das Antezedens wahr und das Konsequens falsch sein kann, gesetzt den Fall, dies sei möglich, dann ist die Folgerung nicht gültig. Angenommen, jeder beliebige Mensch habe zwei Esel, einen ruhenden und einen anderen laufenden, dann ist das Antezedens wahr: *jedes beliebigen Menschen Esel läuft,* und das Konsequens ist falsch, nämlich: *nur Laufendes ist Esel eines Menschen,* da nämlich jeder beliebige Mensch einen ruhenden Esel hat.

3. Regel. Eine andere Regel ist diese: **Von einer exklusiven Aussage zu dem ihr Zugrundeliegenden ist eine gültige Fol-**

ergo homo currit. Et est preiacens exclusive[30] illud quod remanet dempta[31] dictione exclusiva, ut ista propositio: *homo currit* est preiacens istius: <*tantum*> *homo currit.*

4ª regula. Alia regula est ista: **Ab exclusiva ad utramque eius exponentem est consequentia bona,** ut: *tantum homo currit; ergo*[32] *homo currit, et nichil aliud*[33] *ab homine currit,* et e converso: *nichil aliud ab homine currit, et homo currit; ergo tantum homo currit.*

5ª regula. Alia regula est ista: **Ab exclusiva ad alteram eius partem est bona consequentia,** ut hic: *tantum homo currit; ergo nichil aliud ab homine* <*currit*>, sed non e converso: *nichil aliud ab homine currit; ergo tantum homo currit.*

6ª regula. Alia regula est ista: **Si exclusiva est vera, utraque eius exponens est vera, et si una exponens est falsa, tota exclusiva est falsa.**

Et notandum est, quod contradictorium exclusive equipollet uni disiunctive facte[34] ex oppositis partium exponentium exclusive, ut ista propositio: *non: tantum homo currit* equipollet isti: *nichil quod est homo currit, vel aliud ab homine currit.*

7ª regula. Alia regula est ista: **Quando arguitur a propositione habente plures causas veritatis ad unam istarum per se, non valet consequentia, sed est fallacia consequentis,**
69vb ut: <*non:*> *tantum homo currit; / ergo nichil quod est homo currit,* quia ista propositio: <*non:*> *tantum homo currit* habet duas causas veritatis: *nichil quod est homo currit, vel aliud ab homine currit.*

[30] exclusive] exclusiva *D*
[31] dempta] deposita *D*
[32] ergo] ergo tantum *D*
[33] aliud] D^m
[34] facte] facta *D*

gerung;[38] z.B. hier: *nur ein Mensch läuft; also läuft ein Mensch.* Das Zugrundeliegende einer exklusiven Aussage ist das, was übrigbleibt, wenn der exklusive Ausdruck weggenommen wird; z.B. ist die Aussage *ein Mensch läuft* das Zugrundeliegende von jener: *nur ein Mensch läuft.*

4. Regel. Eine andere Regel ist diese: **Von einer exklusiven Aussage zu ihren beiden Exponenten ist eine gültige Folgerung;**[39] z.B.: *nur ein Mensch läuft; also läuft ein Mensch, und nichts anderes als ein Mensch läuft,* und umgekehrt: *nichts anderes als ein Mensch läuft, und ein Mensch läuft; also läuft nur ein Mensch.*

5. Regel. Eine andere Regel ist diese: **Von einer exklusiven Aussage zu einem ihrer Teile ist eine gültige Folgerung;**[40] z.B. hier: *nur ein Mensch läuft; also läuft nichts anderes als ein Mensch,* aber (es gilt) nicht umgekehrt: *nichts anderes als ein Mensch läuft; also läuft nur ein Mensch.*

6. Regel. Eine andere Regel ist diese: **Wenn eine exklusive Aussage wahr ist, dann ist jeder ihrer beiden Exponenten wahr, und wenn einer der Exponenten falsch ist, dann ist die ganze exklusive Aussage falsch.**[41]

Und es ist anzumerken, daß das kontradiktorische Gegenteil einer exklusiven Aussage äquivalent ist mit einer disjunktiven Aussage, die aus dem jeweiligen Gegenteil der exponierenden Teilaussagen besteht;[42] z.B. ist die Aussage: *nicht: nur ein Mensch läuft* äquivalent mit jener: *nichts, was ein Mensch ist, läuft, oder etwas anderes als ein Mensch läuft.*

7. Regel. Eine andere Regel ist diese: **Wenn von einer Aussage, die mehrere Ursachen der Wahrheit hat, zu einer derselben für sich (genommen) argumentiert wird, dann gilt die Folgerung nicht, sondern ist ein Fehlschluß des Konsequens;**[43] z.B.: *nicht:*[44] *nur ein Mensch läuft; also läuft nichts, was ein Mensch ist,* weil die Aussage: *nicht: nur ein Mensch läuft* zwei Ursachen der Wahrheit hat: *nichts, was Mensch ist, läuft, oder etwas anderes als ein Mensch läuft.*

8ª regula. Alia regula est ista: **Quando arguitur ab una causa veritatis ad propositionem habentem eandem causam, est bona consequentia,** ut: *nichil quod est homo currit; ergo non: tantum homo currit.*

9ª regula. Alia regula est ista: **Quando arguitur ab inferiori ad suum superius a parte subiecti dictione exclusiva addita subiectis, est bona consequentia,** ut: *tantum homo currit; ergo tantum animal currit.* Et est argumentum ab inferiori ad suum superius a parte subiecti, quando terminus inferior est subiectum in antecedente et terminus superior in consequente et predicata sunt[35] consimilia.

Sed quando arguitur ab inferiori ad suum superius[36] a parte predicati dictione exclusiva addita subiecto, non valet consequentia, ut: *tantum homo currit; ergo tantum homo movetur.*

10ª regula. Alia regula est ista, quod **dictio exclusiva addita dictioni significanti[37] numerum, tunc ista propositio potest exponi duobus modis, scilicet ratione alietatis et ratione pluralitatis[38]**, ut ista propositio: *tantum quatuor homines currunt* <ratione alietatis> exponitur sic:[39] *quatuor homines currunt, et nulli alii extra quatuor homines currunt; ergo tantum quatuor homines <currunt>*. Et sic exponendo[40] est ista propositio <falsa> et impossibilis, quia, si quatuor homines currunt et omnes tres sunt alii extra quatuor, ergo alii extra quatuor homines currunt. Ratione pluralitatis exponitur sic: *quatuor homines currunt, et non plures quam quatuor homines currunt; ergo tantum quatuor homines currunt.* Et sic exponendo ista propositio est vera et possibilis: *tantum quatuor homines currunt,* et sic de aliis similibus.

[35] sunt] de *D*
[36] superius] inferius *D*
[37] significanti] significandi *D*
[38] pluralitatis] pluraritatis (!) *D sic semper*
[39] sic] sic tantum *D*
[40] exponendo] exponenda *D*

8. Regel. Eine andere Regel ist diese: **Wenn von einer Ursache der Wahrheit zu einer Aussage argumentiert wird, die dieselbe Ursache der Wahrheit hat, dann ist die Folgerung gültig;**[45] z.B.: *nichts, was ein Mensch ist, läuft; also nicht: nur ein Mensch läuft.*

9. Regel. Eine andere Regel ist diese: **Wenn von einem Untergeordneten zu dem ihm Übergeordneten auf seiten des Subjekts argumentiert wird, wobei den Subjekten ein exklusiver Ausdruck hinzugefügt wird, dann ist die Folgerung gültig;**[46] z.B.: *nur ein Mensch läuft; also läuft nur ein Lebewesen.* Ein Argument von einem Untergeordneten zu dem ihm Übergeordneten auf seiten des Subjekts liegt dann vor, wenn der untergeordnete Terminus im Antezedens und der übergeordnete Terminus im Konsequens Subjekt ist und die Prädikate gleich sind.

Wenn aber von einem Untergeordneten zu dem ihm Übergeordneten auf seiten des Prädikats argumentiert wird, wobei ein exklusiver Ausdruck dem Subjekt hinzugefügt wird, dann ist die Folgerung nicht gültig;[47] z.B. (gilt nicht): *nur ein Mensch läuft; also bewegt sich nur ein Mensch.*

10. Regel. Eine andere Regel ist diese: **Wird ein exklusiver Ausdruck einem Ausdruck hinzugefügt, der eine Zahl bezeichnet, dann kann diese Aussage auf zwei Weisen exponiert werden, nämlich in Hinsicht auf die Andersheit und in Hinsicht auf die Mehrzahl;** z.B. wird die Aussage *nur vier Menschen laufen* in Hinsicht auf die Andersheit so exponiert: *vier Menschen laufen, und außer vier Menschen laufen keine anderen; also laufen nur vier Menschen;* und wenn man so exponiert, ist diese Aussage falsch und unmöglich, denn wenn vier Menschen laufen und jegliche drei andere als vier sind; dann laufen andere als vier Menschen. In Hinsicht auf die Mehrzahl wird so exponiert: *vier Menschen laufen, und nicht mehr als vier Menschen laufen; also laufen nur vier Menschen;* und wenn man so exponiert, ist diese Aussage *nur vier Menschen laufen* wahr und möglich;[48] und so auch in anderen entsprechenden Fällen.

<Cap. III. De dictionibus exceptivis>

70ra Sequitur de dictionibus exceptivis. Et sunt dictiones exceptive: *preter, preterquam* et *nisi.*

<1^{a} regula.> Et **quelibet propositio in qua ponitur aliquod istorum a parte subiecti debet exponi per duas exponentes,** ut ista propositio: *omnis homo preter Sortem currit* exponitur sic: *omnis homo alius*[41] *a Sorte currit, et Sortes non currit; ergo omnis homo preter Sortem currit.* Item: *nullus homo preter Sortem currit* exponitur sic, scilicet: *nullus <homo> alius*[42] *a Sorte currit, et Sortes currit; ergo nullus homo preter Sortem currit.*

Et est sciendum, quod omnis exceptiva propria fit ex universali affirmativa vel ex alia universali negativa vel ex aliqua ei equipollente. Unde iste exceptive sunt improprie[43] : *aliquis homo preter Sortem currit* et *homo preter Sortem currit* et omnes tales.

Et notandum est, quod in omni exceptiva propria quatuor requiruntur, scilicet preiacens exceptive, subiectum preiacentis, pars extracapta et illud[44] respectu cuius fit exceptio[45] . Et est preiacens exceptive illud quod remanet dempta dictione exceptiva cum parte extracapta, ut: *omnis homo currit* est preiacens istius exceptive: *omnis homo preter Sortem currit;* pars extracapta est illud quod excipitur per dictionem exceptivam; pars extracapta illius exceptive: *omnis homo preter Sortem currit* est iste terminus *Sortem.*

<2^{a} regula.> Alia regula est ista: **Exceptiva propria repugnat suo**[46] **preiacenti,** ut iste propositiones repugnant: *om-*

[41] alius] aliud *D*
[42] alius] aliud *D*
[43] improprie] ille proprie *D*
[44] illud] illud cuius *D*
[45] exceptio] acceptio *D*
[46] suo] sua *D*

Kap. III. Über die exzeptiven Ausdrücke

Es folgt die Behandlung der exzeptiven Ausdrücke. Die exzeptiven Ausdrücke sind: *außer, ausgenommen* und *wenn nicht.*[49]

1. Regel. **Eine beliebige Aussage, in der einer dieser (Ausdrücke) auf seiten des Subjekts gesetzt wird, muß durch zwei Exponenten exponiert werden;** z.B. wird die Aussage *jeder Mensch außer Sokrates läuft* so exponiert: *jeder von Sokrates verschiedene Mensch läuft, und Sokrates läuft nicht; also läuft jeder Mensch außer Sokrates.* Ebenso: *kein Mensch außer Sokrates läuft* wird so exponiert, nämlich: *kein von Sokrates verschiedener Mensch läuft, und Sokrates läuft; also läuft kein Mensch außer Sokrates.*[50]

Man muß wissen, daß jede korrekte exzeptive Aussage aus einer universell affirmativen Aussage oder aus einer anderen universell negativen oder aus einer dieser äquivalenten Aussage entsteht. Daher sind diese exzeptiven Aussagen unkorrekt:[51] *irgendein Mensch außer Sokrates läuft* und *ein Mensch außer Sokrates läuft* und alle solche Aussagen.

Und es ist anzumerken, daß in jeder korrekten exzeptiven Aussage viererlei erfordert ist, nämlich das Zugrundeliegende der exzeptiven Aussage, das Subjekt des Zugrundeliegenden, der ausgenommene Teil (der Aussage) und das, hinsichtlich dessen die Exzeption vorgenommen wird. Und das Zugrundeliegende der exzeptiven Aussage ist das, was übrig bleibt, wenn der exzeptive Ausdruck mit dem ausgenommenen Teil weggenommen wird; z.B.: *jeder Mensch läuft* ist das Zugrundeliegende der exzeptiven Aussage *jeder Mensch außer Sokrates läuft;* der ausgenommene Teil ist das, was durch den exzeptiven Ausdruck ausgenommen wird; der ausgenommene Teil der exzeptiven Aussage *jeder Mensch außer Sokrates läuft* ist der Terminus *Sokrates.*

2. Regel. Eine andere Regel ist diese: **Eine korrekte exzeptive Aussage widerspricht dem ihr Zugrundeliegenden;**[52] z.B. widersprechen einander die Aussagen *jeder Mensch*

nis homo preter Sortem currit et *omnis homo currit,* quia ex una sequitur contradictorium alterius, quia sequitur: *non omnis homo currit,* que[47] <est> contradictorium preiacentis, scilicet illius: *omnis homo currit.*

<3ª regula.> Alia regula est ista: **Ab exclusiva[48] affirmativa ad exceptivam negativam est consequentia bona,** ut ista consequentia est bona: *tantum homo currit; ergo nichil preter hominem currit.*

<4ª regula.> Alia regula est ista: **Ab exceptiva ad suas ex-**
70rb **ponentes est consequentia bona,** / ut: *omnis homo preter Sortem currit; ergo omnis homo alius a Sorte currit, et Sortes non currit,* et e converso: *Sortes non currit, et omnis homo alius a Sorte currit; ergo omnis homo preter[49] Sortem currit.*

Differentia est inter illas dictiones *preter, preterquam* et *nisi,* quia *preter* et *preterquam* excipiunt in universali negativa et in universali affirmativa, sed illa dictio *nisi* tantum excipit ab universali negativa, et ideo non debet accipi nisi cum signo negativo.

<5ª regula.> Alia regula est ista: **Omnis propositio in parte vera et in parte falsa potest verificari per exceptionem partis false et partium falsarum.**

Et est propositio in parte vera et in parte falsa propositio universalis habens aliquas singulares veras et aliquas falsas vel aliquam vera<m> et aliquam falsam, ut posito quod Sortes non[50] currat et quod omnis homo alius a Sorte currat, tunc illa propositio: *omnis homo currit* est in parte vera et in parte falsa; ideo potest verificari per exceptionem partis false sic: *omnis homo preter Sortem currit.*

[47] que] quia *D*
[48] exclusiva] *ex* exceptiva *D*
[49] preter] alius a *add. et del. D*
[50] non] *add. interlin. D*

außer Sokrates läuft und *jeder Mensch läuft,* da aus der einen das kontradiktorische Gegenteil der anderen folgt, weil folgt: *nicht jeder Mensch läuft,* was das kontradiktorische Gegenteil der zugrundeliegenden Aussage ist, nämlich von *jeder Mensch läuft.*

3. Regel. Eine andere Regel ist diese: **Von einer exklusiven affirmativen zu einer exzeptiven negativen Aussage ist eine gültige Folgerung;**[53] z.B. ist die Folgerung gültig: *nur ein Mensch läuft; also läuft nichts außer einem Menschen.*

4. Regel. Eine andere Regel ist diese: **Von einer exzeptiven Aussage zu ihren Exponenten ist eine gültige Folgerung;**[54] z.B.: *jeder Mensch außer Sokrates läuft; also läuft jeder von Sokrates verschiedene Mensch, und Sokrates läuft nicht,* und umgekehrt: *Sokrates läuft nicht, und jeder von Sokrates verschiedene Mensch läuft; also läuft jeder Mensch außer Sokrates.*

Es besteht ein Unterschied zwischen den Ausdrücken *außer, ausgenommen* und *wenn nicht,* weil *außer* und *ausgenommen* die Exzeption in einer universell negativen und in einer universell affirmativen Aussage bewirken, wogegen der Ausdruck *wenn nicht* nur in einer universell negativen Aussage die Exzeption bewirkt und deshalb nur mit einem Negationszeichen verwendet werden darf.

5. Regel. Eine andere Regel ist diese: **Jede zum Teil wahre und zum Teil falsche Aussage kann wahr gemacht werden durch die Exzeption des falschen Teiles und der falschen Teile.**

Und eine zum Teil wahre und zum Teil falsche Aussage ist eine universelle Aussage, die einige wahre und einige falsche singuläre Aussagen oder irgendeine wahre und irgendeine falsche Aussage enthält;[55] z.B., angenommen, daß Sokrates nicht läuft und daß jeder von Sokrates verschiedene Mensch läuft, dann ist die Aussage *jeder Mensch läuft* zum Teil wahr und zum Teil falsch und kann somit durch die Exzeption des falschen Teiles so wahr gemacht werden: *jeder Mensch außer Sokrates läuft.*

<6ª regula.> Alia regula est ista: **Si tot excipiuntur quot supponuntur, est exceptiva impropria** per diffinitionem exceptive, quia exceptio est extracaptio partis a suo toto, ut illa exceptio est impropria: *omnis homo preter asinum*[51] *currit.*

[51] asinum] asinus *D*

6. Regel. Eine andere Regel ist diese: **Wenn ebenso vieles ausgenommen wie supponiert wird, so ist die exzeptive Aussage unkorrekt** aufgrund der Definition der exzeptiven Aussage, insofern die Exzeption das Ausnehmen eines Teiles aus seinem Ganzen ist; z.B. ist diese exzeptive Aussage unkorrekt: *jeder Mensch außer einem Esel läuft.*[56]

<Cap. IV. De copulativis>

Sequitur de copulativis.

1ª regula. Prima regula sit ista: **Si altera pars principalis copulative**[52] **sit falsa, tota copulativa est falsa; si utraque est vera, tota copulativa est vera.**

2ª regula. Alia regula est ista: **A tota copulativa ad alteram eius partem est bona consequentia,** ut: *tu es homo, et tu es animal; ergo tu es animal.*

3ª regula. Alia regula est ista, quod **hec dictio *et* aliquando tenetur copulative et aliquando copulatim.** Quando copulat inter propositiones, tenetur copulative, ut: *tu es homo, et tu es animal.* Et tenetur copulatim, quando copulat inter terminos, ut: *Sortes et Plato currunt.* Et quando tenetur copulatim, talis propositio est distinguenda secundum sen-
70va sum compositum / et secundum sensum divisum. Sensus divisus est ille: *homo est animal, et asinus est animal;* sensus compositus est ille: *homo est animal et similiter asinus.*

Et quinque modis consequentia tenet a parte copulative ad totam copulativam.

Primo modo est: quando una copulativa facta ex parte inferiori et superiori, et similiter arguendo a parte copulative ad totam copulativam est bona consequentia, ut hic: *tu es homo; ergo tu es homo, et tu es animal.*

Secundo modo: quando una copulativa facta ex partibus convertibilibus, arguendo ad quamcumque partem volueris,

[52] copulative] est vera *add. et del. D*

Kap. IV. Über die kopulativen Ausdrücke

Es folgt die Behandlung der kopulativen Ausdrücke.

1. Regel. Die erste Regel soll diese sein: **Falls eines der Hauptglieder der kopulativen Aussage falsch ist, dann ist die ganze kopulative Aussage falsch; wenn jedes von beiden wahr ist, dann ist die ganze kopulative Aussage wahr.**[57]

2. Regel. Eine andere Regel ist diese: **Von einer ganzen kopulativen Aussage zu jedem ihrer Glieder ist eine gültige Folgerung;**[58] z.B.: *du bist ein Mensch, und du bist ein Lebewesen; also bist du ein Lebewesen.*

3. Regel. Eine andere Regel ist diese, daß **der Ausdruck** *und* **manchmal kopulativ und manchmal kopulatim verwendet wird.** Bei einer Verknüpfung von Aussagen wird er kopulativ verwendet, z.B.: *du bist ein Mensch, und du bist ein Lebewesen;* und bei einer Verknüpfung von Termini wird er kopulatim verwendet, z.B.: *Sokrates und Platon laufen.* Und wenn er kopulatim verwendet wird, dann ist eine solche Aussage nach dem zusammengesetzten und getrennten Sinn zu unterscheiden. Der getrennte Sinn ist jener: *ein Mensch ist ein Lebewesen, und ein Esel ist ein Lebewesen;* der zusammengesetzte Sinn ist jener: *ein Mensch und ebenso ein Esel ist ein Lebewesen.*[59]

Und[60] auf fünf Weisen ist eine Folgerung von einem Glied der kopulativen Aussage zur ganzen kopulativen Aussage korrekt.

Auf die erste Weise: Wenn eine kopulative Aussage aus einem untergeordneten und einem übergeordneten Glied besteht, dann ist bei entsprechender Argumentation von dem (untergeordneten) Glied der kopulativen Aussage zur ganzen kopulativen Aussage die Folgerung gültig;[61] z.B. hier: *du bist ein Mensch; also bist du ein Mensch und bist du ein Lebewesen.*

Auf die zweite Weise: Wenn eine kopulative Aussage aus austauschbaren Gliedern besteht, dann ist bei Argumentation von einem beliebigen Glied zur kopulativen Aussage

est consequentia bona ad copulativam, ut: *homo currit; ergo homo currit, et risibile currit.*

Tertio modo est: quando copulativa facta ex parte impossibili et ex parte contingenti, arguendo a parte impossibili ad totam copulativam est consequentia bona, ut: *homo est asinus; ergo homo est asinus, et tu curris.*

Quarto modo est: quando una copulativa facta ex parte necessaria et ex parte contingenti, <arguendo a parte contingenti> ad totam copulativam est bona consequentia, ut[53] : *tu curris; ergo <tu> moveris, et Deus est.*

Quinto modo est: quando antecendens non potest esse verum nisi consequens sit verum, antecedente et consequente significantibus precise[54] primarie est bona consequentia, ut: *tu sedes; ergo tu sedes, et tu es homo.*

<4ª regula.> Alia regula est ista: **A parte copulative ad totam copulativam non valet consequentia, sed est fallacia consequentis; sed quando una pars copulative est antecedens ad aliam partem eiusdem copulative, tunc est consequentia bona,** ut: *homo currit; ergo homo currit, et animal currit.*

<5ª regula.> Alia regula est ista: **Contradictorium copulative est una disiunctiva facta ex oppositis partium illius copulative,** ut contradictorium istius copulative: *tu es homo, et tu es animal* est ista: *tu non es homo, vel tu non es animal*[55] .

[53] ut] homo est asinus *add. et del. D*
[54] precise] prime *D*
[55] animal] animal etc. *D*

die Folgerung gültig; z.B.:[62] *ein Mensch läuft; also läuft ein Mensch, und ein Lachfähiges läuft.*

Auf die dritte Weise: Wenn eine kopulative Aussage aus einem unmöglichen Glied und einem kontingenten Glied besteht, dann ist bei Argumentation vom unmöglichen Glied zur ganzen kopulativen Aussage die Folgerung gültig;[63] z.B.: *ein Mensch ist ein Esel; also ist ein Mensch ein Esel, und du läufst.*

Auf die vierte Weise: Wenn eine kopulative Aussage aus einem notwendigen Glied und einem kontingenten Glied besteht, dann ist bei Argumentation vom kontingenten Glied zur ganzen kopulativen Aussage die Folgerung gültig;[64] z.B.: *du läufst; also bewegst du dich, und Gott existiert.*

Auf die fünfte Weise: Wenn das Antezedens nicht wahr sein kann, wenn nicht auch das Konsequens wahr ist, dann ist, wenn Antezedens und Konsequens in genau[65] ursprünglicher Weise bezeichnen, die Folgerung gültig; z.B.: *du sitzt; also sitzt du, und du bist ein Mensch.*[66]

4. Regel. Eine andere Regel ist diese: **Von einem Glied der kopulativen Aussage zur ganzen kopulativen Aussage ist die Folgerung nicht gültig, sondern ist ein Fehlschluß des Konsequens;[67] wenn aber ein Glied der kopulativen Aussage das Antezedens für das andere Glied derselben kopulativen Aussage ist, dann ist die Folgerung gültig**; z.B.: *ein Mensch läuft; also läuft ein Mensch und läuft ein Lebewesen.*[68]

5. Regel. Eine andere Regel ist diese: **Das kontradiktorische Gegenteil einer kopulativen Aussage ist eine disjunktive Aussage, die aus dem jeweiligen Gegenteil der Glieder jener kopulativen Aussage besteht;[69]** z.B. ist das kontradiktorische Gegenteil der kopulativen Aussage *du bist ein Mensch, und du bist ein Lebewesen* diese (Aussage): *du bist nicht ein Mensch, oder du bist nicht ein Lebewesen.*

<Cap. V. De disiunctivis>

Sequitur de disiunctivis.

<1ª regula.> Prima regula est ista: **A tota disiunctiva ad alteram eius partem non valet consequentia,** ut ista consequentia non valet: *tu es homo, vel tu loqueris; ergo tu loqueris,* quia antecedens potest esse verum sine consequente. Sed aliquando tenet gratia terminorum; et est, quando una disiunctiva est sequens ex alia parte disiunctive, ut: *tu curris, vel tu moveris; ergo tu moveris.*

70vb <2ª regula.> Alia regula est ista: **Ab una parte disiunctive ad totam disiunctivam est consequentia** bona, ut: *tu es homo; ergo tu es <homo>, vel tu es animal.*

<3ª regula.> Alia regula est ista: **A tota disiunctiva ad alteram eius partem cum opposito unius partis est bona consequentia,** ut: *tu es homo, vel tu es asinus, sed tu non es homo; ergo tu es asinus.*

Notandum, quod hec dictio *vel* aliquando tenetur[56] disiunctive et aliquando disiunctim. Tenetur disiunctive, quando disiungit inter propositiones, ut: *Sortes currit, vel*[57] *Plato currit,* et[58] disiunctim tunc, quando disiungit inter terminos, ut: *Sortes vel Plato currit.*

<4ª regula.> Alia regula est, quod **contradictorium disiunctive est una copulativa facta ex contradictoriis partium illius disiunctive,** ut <contradictorium disiunctive>: *tu es homo, vel tu es asinus* est illa copulativa: *tu non es homo, et tu non es asinus.*

[56] tenetur] disiunctive aliquando copulatim et *add. et del. D*
[57] vel] et *D*
[58] et] quando *D*

Kap. V. Über die disjunktiven Ausdrücke

Es folgt die Behandlung der disjunktiven Ausdrücke.

1. Regel. Die erste Regel ist diese: **Von einer ganzen disjunktiven Aussage zu einem der beiden Glieder derselben ist die Folgerung nicht gültig;**[70] z.B. ist diese Folgerung nicht gültig: *du bist ein Mensch, oder du sprichst; also sprichst du,* weil das Antezedens wahr sein kann ohne das Konsequens. Manchmal aber ist sie kraft der Termini gültig; und dies ist der Fall, wenn eine disjunktive Aussage aus einem der Glieder der disjunktiven Aussage folgt;[71] z.B.: *du läufst, oder du bewegst dich; also bewegst du dich.*

2. Regel. Eine andere Regel ist diese: **Von einem Glied der disjunktiven Aussage zur ganzen disjunktiven Aussage ist eine gültige Folgerung;**[72] z.B.: *du bist ein Mensch; also bist du ein Mensch, oder du bist ein Lebewesen.*

3. Regel. Eine andere Regel ist diese: **Von einer ganzen disjunktiven Aussage mit dem Gegenteil des einen Gliedes zum anderen ihrer Glieder ist eine gültige Folgerung;**[73] z.B.: *du bist ein Mensch, oder du bist ein Esel, aber du bist nicht ein Mensch; also bist du ein Esel.*

Es ist zu beachten, daß dieser Ausdruck *oder* manchmal disjunktiv und manchmal disjunktim verwendet wird. Er wird disjunktiv verwendet bei einer Disjunktion von Aussagen, z.B.: *Sokrates läuft, oder Platon läuft,* und disjunktim bei einer Disjunktion von Termini, z.B.: *Sokrates oder Platon läuft.*[74]

4. Regel. Eine andere Regel ist diese, daß **das kontradiktorische Gegenteil einer disjunktiven Aussage eine kopulative Aussage ist, die aus dem jeweiligen kontradiktorischen Gegenteil der Glieder jener disjunktiven Aussage besteht;**[75] z.B. ist das kontradiktorische Gegenteil der disjunktiven Aussage *du bist ein Mensch, oder du bist ein Esel* jene kopulative Aussage: *du bist nicht ein Mensch, und du bist nicht ein Esel.*

Et nota: quinque modis tenet consequentia arguendo a tota disiunctiva ad alteram eius partem.

Primo modo est: quando una pars sequitur ad aliam, ut: *tu curris, vel* <*tu*> *moveris; ergo tu moveris.*

Secundo modo est: quando una pars disiunctive est inferior ad aliam, arguendo a tota disiunctiva ad partem superiorem est bona consequentia, ut: *homo currit, vel animal currit; ergo animal currit.*

Tertio modo est: quando una pars possibilis est et alia[59] impossibilis, arguendo a tota disiunctiva ad partem possibilem est bona consequentia, ut: *tu es homo, vel tu es asinus; ergo tu es homo.*

Quarto modo: quando una pars est necessaria et alia contingens, arguendo a tota disiunctiva ad partem necessariam est bona consequentia, ut: *tu es homo, vel Deus est; ergo Deus est.*

Quinto modo: quando una pars est convertibilis cum alia, arguendo a tota disiunctiva ad quamcumque partem est consequentia bona, ut: *tu es homo, vel tu es risibilis; ergo tu es risibilis.*

[59] alia] alia in *D*

Man[76] beachte: Auf fünf Weisen ist eine Folgerung, bei der von einer ganzen disjunktiven Aussage zu einem der beiden Glieder argumentiert wird, gültig.

Auf die erste Weise: Wenn ein Glied auf das andere folgt,[77] z.B.: *du läufst, oder du bewegst dich; also bewegst du dich.*

Auf die zweite Weise: Wenn ein Glied der disjunktiven Aussage dem anderen untergeordnet ist, dann ist bei Argumentation von der ganzen disjunktiven Aussage zum übergeordneten Glied die Folgerung gültig,[78] z.B.: *ein Mensch läuft, oder ein Lebewesen läuft; also läuft ein Lebewesen.*

Auf die dritte Weise: Wenn ein Glied möglich und das andere unmöglich ist, dann ist bei Argumentation von der ganzen disjunktiven Aussage zum möglichen Glied die Folgerung gültig,[79] z.B.: *du bist ein Mensch, oder du bist ein Esel; also bist du ein Mensch.*

Auf die vierte Weise: Wenn ein Glied notwendig und das andere kontingent ist, dann ist bei Argumentation von der ganzen disjunktiven Aussage zum notwendigen Glied die Folgerung gültig,[80] z.B.: *du bist ein Mensch, oder Gott existiert; also existiert Gott.*

Auf die fünfte Weise: Wenn ein Glied mit dem anderen austauschbar ist, dann ist bei Argumentation von der ganzen disjunktiven Aussage zu einem beliebigen Glied die Folgerung gültig,[81] z.B.: *du bist ein Mensch, oder du bist ein Lachfähiger; also bist du ein Lachfähiger.*

<Cap. VI. De conditionalibus>

Sequitur de conditionalibus.

<1^{a} regula.> Prima regula est ista: **Consequentia est bona, quando consequens intelligitur formaliter ex antecedente,** ut: *si tu curris, tu moveris.*

71ra <2^{a} regula.> Alia regula est ista, quod **conditionalis / sine termino relativo immediate sequente coniunctionem**[60] **tantum valet sicut**[61] **consequentia facta ex antecedente et consequente illius conditionalis,** ut: *si tu curris, tu moveris* tantum valet sicut illa: *tu curris; ergo tu moveris.* Et eedem regule intelliguntur de consequentia ex antecedente et consequente illius conditionalis.

<3^{a} regula.> Alia regula est ista, quod **quedam <est> conditionalis sive bona consequentia ut nunc, et quedam est conditionalis sive bona consequentia**[62] **simpliciter.**

60 coniunctionem] conditionalem *D*
61 sicut] conditionalem *add. et del. D*
62 consequentia] consequentia ut *D*

Kap. VI. Über die konditionalen Ausdrücke

Es folgt die Behandlung der konditionalen Ausdrücke.

1. Regel. Die erste Regel ist diese: **Eine Folgerung ist gültig, wenn das Konsequens formal aus dem Antezedens heraus begriffen wird**; z.B.: *falls du läufst, bewegst du dich.*[82]

2. Regel. Eine andere Regel ist diese, daß **eine konditionale Aussage ohne einen relativen Terminus, der unmittelbar auf die Konjunktion folgt,**[83] **so viel gilt wie eine Folgerung, die aus dem Antezedens und dem Konsequens jener konditionalen Aussage besteht**; z.B.: *falls du läufst, bewegst du dich* gilt so viel wie: *du läufst; also bewegst du dich.* Und für eine Folgerung, die aus dem Antezedens und dem Konsequens jener konditionalen Aussage besteht, werden dieselben Regeln angenommen.[84]

3. Regel. Eine andere Regel ist diese, daß **die eine (Art) der konditionalen Aussage bzw. der gültigen Folgerung für-jetzt (gültig) ist, und die andere (Art) der konditionalen Aussage bzw. der gültigen Folgerung schlechthin (gültig) ist.**[85]

<Cap. VII. De aliis regulis obmissis>

Sequitur de aliis regulis obmissis, traditis ab Aristotele, quarum prima est ista:

<1^{a} regula.> **Subiectis existentibus eiusdem predicatis[63] variatis secundum** *sub* **et** *supra* **tenet consequentia;** *sub,* id est inferius, *supra,* id est superius; unde ista consequentia est bona: *Sortes fuit albus heri; ergo fuit albus,* quia iste terminus *albus heri* est inferior ad istum terminum *albus,* ut patet per illam regulam: unumquodque se habens per modum appositionis respectu alterius termini inferius est eo.

<2^{a} regula.> Alia regula est ista: <Si> **in consequentia bona et formali sunt plures premisse, ex opposito consequentis cum altera premissarum sequitur oppositum alterius premisse.** Ista consequentia est bona: *omnis homo currit, tu es homo; ergo tu curris,* quia ex opposito consequentis cum altera premissarum sequitur oppositum alterius premisse. Ex opposito consequentis cum minori sequitur oppositum maioris, quia sequitur: *tu non curris, et tu es[64] homo; ergo non omnis homo currit;* sequitur: ex opposito <consequentis> sequitur oppositum antecedentis, quia sequitur: *tu non curris, et omnis homo currit; ergo tu non es homo.*

Sed contra sic: quia hoc est falsum, et ponatur iste casus, quod quilibet talis terminus *asinus* convertatur cum isto termino *homo*, tunc facio igitur istam consequentiam: *tu es homo; ergo tu es asinus;* patet consequentia, quia arguitur ab uno[65] convertibilium ad reliquum.

Notandum est, quod duobus modis convertuntur con-

[63] predicatis] presentis *D*
[64] es] es aliquid quod *D*
[65] uno] convertibili *add. et del. D*

Kap. VII. Über andere bisher übergangene Regeln

Es folgt die Behandlung anderer (bisher) übergangener Regeln, die von Aristoteles her überliefert sind,[86] von denen die erste diese ist:

1. Regel. **Existieren Subjekte, bei denen die Prädikate[87] derselben (Aussage) nach** *unterhalb* **und** *oberhalb* **verändert werden, so ist die Folgerung gültig;** *unterhalb,* d.h. untergeordnet, *oberhalb*, d.h. übergeordnet.[88] Daher ist diese Folgerung gültig: *Sokrates war gestern weiß; also war Sokrates weiß,* weil der Terminus *gestern weiß* dem Terminus *weiß* untergeordnet ist,[89] wie aufgrund dieser Regel offenkundig ist: Was auch immer sich nach der Weise einer Hinzufügung in Hinsicht auf einen anderen Terminus verhält, ist diesem untergeordnet.[90]

2. Regel. Eine andere Regel ist diese: **Wenn in einer gültigen und formalen Folgerung mehrere Prämissen gegeben sind, dann folgt aus dem Gegenteil des Konsequens mit einer der Prämissen das Gegenteil der anderen Prämisse.**[91] Diese Folgerung ist gültig: *jeder Mensch läuft, du bist ein Mensch; also läufst du,*[92] weil aus dem Gegenteil des Konsequens mit einer der Prämissen das Gegenteil der anderen Prämisse folgt. Aus dem Gegenteil des Konsequens mit dem Untersatz folgt das Gegenteil des Obersatzes, weil gilt: *du läufst nicht, und du bist ein Mensch; also läuft nicht jeder Mensch;* und aus dem Gegenteil des Konsequens folgt das Gegenteil des Antezedens,[93] weil gilt: *du läufst nicht, und jeder Mensch läuft; also bist du nicht ein Mensch.*

Dagegen[94] aber so: Weil dies falsch ist und man den Fall annehme, daß jeder beliebige solche Terminus *Esel* mit dem Terminus *Mensch* ausgetauscht werde; bilde ich dann also die Folgerung: *du bist ein Mensch, also bist du ein Esel,* ist die Folgerung offenkundig, weil von einem der austauschbaren (Ausdrücke) zum anderen argumentiert wird.

Es ist anzumerken, daß auf zwei Weisen austauschbare

71rb vertibilia, / quia quedam sunt convertibilia ut nunc, quedam vero simplicia. Ista regula intelligitur, quando arguitur ab uno convertibilium ad reliquum convertibile simpliciter et non, quando convertitur ut nunc.

<3ª regula.> Alia regula est ista: **Quando subiecta sunt eadem <vel> convertibilia, et copule[66] sunt eedem,[67] et predicata convertuntur, et propositiones sunt eiusdem qualitatis et quantitatis, et pro quibuscumque supponit subiectum unius, supponit subiectum alterius, <est consequentia bona tamquam ab uno convertibili ad suum simile>**, ut: *Sortes est; ergo animal rationale et immortale est;* tamen ista consequentia non valet: *quilibet homo est malus; ergo homo est malus,* quia termini non supponunt primo pro eisdem.

<4ª regula.> Alia regula est illa: **De quolibet dicitur alterum contradictoriorum incomplexorum et de nullo eorum ambo.** Et sunt contradictoria incomplexa termini contradictorii, ut: *homo, non homo,* et de nulla re mundi dicuntur eorum ambo, et nulla res est que sit homo <et> non <homo>.

<5ª regula.> Alia regula est ista: **Ad alietatem consequentis sequitur alietas antecedentis in omni consequentia bona et formali ab inferiori ad suum superius.** Cum aliqua dictione habente vim negationis vel distributionis, <si> additur ista dictio *aliud* in antecedente et[68] consequente,[69] non valet consequentia; et e contra cum constantia inferendi est bona consequentia, cum tamen illa dictio *aliud*[70] precedat terminum inferiorem et superiorem, ut sequitur: *homo*

66 copule] copulative *D*
67 eedem] eadem *D*
68 et] vel *D*
69 consequente] consequenti *D*
70 aliud] *D*^{m} aliquid *D*

(Ausdrücke) ausgetauscht werden, da die einen für-jetzt, die anderen aber schlechthin austauschbar sind. Diese Regel wird dann (als anwendbar) begriffen, wenn von einem der austauschbaren (Ausdrücke) zum anderen schlechthin argumentiert wird, und nicht, wenn für-jetzt ausgetauscht wird.

3. Regel. Eine andere Regel ist diese: **Wenn die Subjekte dieselben oder[95] austauschbar sind und die Kopulae[96] dieselben sind und die Prädikate ausgetauscht werden, und wenn die Aussagen die gleiche Qualität und Quantität haben und, für was auch immer das Subjekt der einen supponiert, auch das Subjekt der anderen supponiert, dann[97] ist die Folgerung gültig als von einem Austauschbaren zu dem ihm Entsprechenden;[98]** z.B.: *Sokrates existiert; also existiert ein vernünftiges und unsterbliches Lebewesen;*[99] jedoch ist diese Folgerung nicht gültig: *ein beliebiger Mensch ist böse; also ist der Mensch böse,* weil die Termini nicht im ursprünglichen Sinn für dieselben supponieren.[100]

4. Regel. Eine andere Regel ist diese: **Von jedem Beliebigen wird einer von (zwei) kontradiktorischen Inkomplexen ausgesagt, und von keinem beide von ihnen.** Kontradiktorische Inkomplexe sind kontradiktorische Termini, z.B.: *Mensch, nicht-Mensch;* und von keinem Ding der Welt werden beide von ihnen ausgesagt, und es gibt kein Ding, das Mensch und[101] nicht-Mensch wäre.[102]

5. Regel. Eine andere Regel ist diese: **Bei jeder gültigen und formalen Folgerung von einem Untergeordneten zu dem ihm Übergeordneten folgt auf die Andersheit des Konsequens die Andersheit des Antezedens.**[103] In Verbindung mit einem Ausdruck, der die Kraft einer Negation oder Distribution hat, gilt, falls im Antezedens und Konsequens der Ausdruck *etwas anderes* hinzugefügt wird, die Folgerung nicht;[104] und umgekehrt ist bei konstantem Folgern die Folgerung gültig, wenn nur der Ausdruck *etwas anderes* dem untergeordneten und dem übergeordneten Terminus vorangeht.[105] Z.B. gilt: *ein Mensch läuft; also läuft ein Le-*

currit; ergo animal currit, et e contra sequitur:[71] *aliud ab animali currit; ergo aliud ab homine currit.*

Contra istam regulam arguitur sic: si *homo est homo; ergo homo est animal,* et tamen[72] non sequitur e contra: *aliud ab homine*[73] *est animal; ergo aliud ab homine est homo.* Sequitur ista consequentia: *homo currit; ergo homo movetur,* et tamen non sequitur e contra: *aliud ab homine movetur; ergo aliud ab homine currit.* Pro isto[74] dicitur, quod iste terminus *aliud* non additur termino inferiori nec superiori, et <ideo> non valet e contra.

<6ª regula.> Alia regula est ista, quod **ad quamcumque propositionem veram sequitur: suum dictum est verum;** unde dictum propositionis debet dari variando nominativos
71va et aliud / in accusativos et verbum indicativum in infinitivum casum; unde sequitur: *Deus est; ergo Deum esse est verum.*

<7ª regula.> Alia regula est ista: **A negativa de predicato finito non sequitur <affirmativa> de predicato infinito nisi cum constantia subiecti;** et tunc bene valet, ut: *tu non es asinus, et tu es; ergo tu es non asinus.*

<8ª regula.> Alia regula est ista: **Ab affirmativa de predicato privato sequitur negativa de predicato finito;** unde bene sequitur: *Sortes est iniustus; ergo Sortes non est iustus,* sed non e converso nisi cum constantia subiecti, ut: *Sortes non est iustus, et Sortes est; ergo Sortes est iniustus.*

<9ª regula.> Alia regula est ista: **Ab affirmativa de predicato finito sequitur negativa de predicato infinito vel pri-**

[71] sequitur] animal *add. et del. D*
[72] tamen] tunc *D*
[73] homine] animali *D*
[74] Pro isto] primo *D*

bewesen, und umgekehrt gilt: *etwas anderes als ein Lebewesen läuft; also läuft etwas anderes als ein Mensch.*

Gegen diese Regel wird so argumentiert: wenn (gilt): *ein Mensch ist ein Mensch; also ist ein Mensch ein Lebewesen,* gilt dann doch nicht umgekehrt: *etwas anderes als ein Mensch ist ein Lebewesen; also ist etwas anderes als ein Mensch ein Mensch.* Es gilt die Folgerung: *ein Mensch läuft; also bewegt sich ein Mensch,* und doch gilt nicht umgekehrt: *etwas anderes als ein Mensch bewegt sich; also läuft etwas anderes als ein Mensch.* Dazu[106] wird gesagt, daß dieser Terminus *etwas anderes* weder dem Untergeordneten noch dem Übergeordneten hinzugefügt wird, und daß deshalb[107] die umgekehrte Folgerung nicht gilt.

6. Regel. Eine andere Regel ist diese, daß **auf jede wahre Aussage folgt: sein Aussagegehalt ist wahr;**[108] daher muß der Aussagegehalt einer Aussage so wiedergegeben werden, daß die Nominative und anderes[109] (ihnen Zugehöriges) in Akkusative und das Verb im Indikativ in den Infinitiv[110] geändert wird; daher gilt: *Gott existiert; also ist wahr, daß Gott existiert.*

7. Regel. Eine andere Regel ist diese: **Aus einer negativen Aussage mit einem finiten Prädikat folgt nicht eine affirmative Aussage mit einem infiniten Prädikat, außer bei Bestand des Subjekts;**[111] und dann gilt richtigerweise z.B.: *du bist nicht ein Esel, und du existierst; daher bist du ein nicht-Esel.*

8. Regel. Eine andere Regel ist diese: **Aus einer affirmativen Aussage mit einem negierten Prädikat folgt eine negative Aussage mit einem finiten Prädikat;**[112] daher gilt richtigerweise: *Sokrates ist ungerecht; also ist Sokrates nicht gerecht,* aber nicht umgekehrt, außer bei Bestand des Subjekts, z.B.: *Sokrates ist nicht gerecht, und Sokrates existiert; also ist Sokrates ungerecht.*

9. Regel. Eine andere Regel ist diese: **Aus einer affirmativen Aussage mit einem finiten Prädikat folgt eine negative**

vat<iv>o; unde sequitur: *omnis homo est iustus; ergo Sortes non est <in>iustus;* sequitur etiam, quod Sortes non est non iustus.

<10ª regula.> Alia regula est ista: **Nomina et verba transposita idem significant, sed non pro eodem supponunt,** ut: *non omnis homo, aliquis homo, non est homo.*

<11ª regula.> Alia regula est ista: **Omnis propositio vera de preterito[75] relinquit[76] unam veram de presenti que tamen fuit vera de presenti,** ut: *tu sedesti;* ergo aliquando ista fuit vera: *tu sedes;* eodem modo de futuro.

<12ª regula.> Alia regula est: **Propositio vera de preterito de simplici subiecto et simplici predicato non universalis, veritas cui<us> non dependet a futuro, est necessaria,** ut: *fuisti.*

<13ª regula.> Alia regula fuit: **Ab inferiori ad suum superius cum istis verbis** *incipit* **et** *desinit* **a parte predicati non valet consequentia nisi aliquando gratia terminorum cum[77] terminis substantialibus,** ut: *Sortes incipit esse homo; ergo Sortes incipit esse animal;*[78] et hoc, si isti termini *incipit* et *desinit* ponantur ante terminum superiorem, ut ista consequentia non valet: *tu incipis videre hominem; ergo tu incipis videre animal,* quia <in> *vides hominem* ly *hominem*
71vb est terminus / accidentalis. Sed **ab inferiori ad suum superius cum istis verbis a parte subiecti est bona consequentia,** ut: *homo incipit videre; ergo animal incipit videre.*

[75] preterito] est *add. et del. D*
[76] relinquit] relinquid *D*
[77] cum] istis *add. et del. D*
[78] Omnis homo est animal et (?) ergo omnis homo est risibilis *in infima col. 71 vb* D^{m}

Aussage mit einem infiniten oder negierten (bzw. privativen) Prädikat;[113] daher gilt: *jeder Mensch ist gerecht; also ist Sokrates nicht ungerecht,* und es folgt auch, daß Sokrates nicht nicht-gerecht ist.

10. Regel. Eine andere Regel ist diese: **Werden Namen und Verben transponiert, so bezeichnen sie dasselbe, supponieren aber nicht für dasselbe;** z.B.: *nicht jeder Mensch, irgendein Mensch, ein Mensch ist nicht.*[114]

11. Regel. Eine andere Regel ist diese: **Jede wahre Aussage über die Vergangenheit hinterläßt eine wahre Aussage über die Gegenwart, die jedoch eine wahre Aussage über die Gegenwart gewesen ist;**[115] z.B.: *du saßest;* also war einmal die (Aussage) wahr: *du sitzt;* auf dieselbe Weise (gilt eine Aussage) über die Zukunft.

12. Regel. Eine andere Regel ist: **Eine wahre, nicht universelle Aussage über die Vergangenheit mit einem einfachen Subjekt und einem einfachen Prädikat, deren Wahrheit von der Zukunft nicht abhängt, ist notwendig;** z.B.: *du warst.*[116]

13. Regel. Eine andere Regel war diese: **Von einem Untergeordneten zu dem ihm Übergeordneten mit den Verben** *beginnt* **und** *hört auf* **auf seiten des Prädikats gilt die Folgerung nicht, außer manchmal bei substantiellen Termini kraft der Termini;**[117] z.B.: *Sokrates beginnt, ein Mensch zu sein; also beginnt Sokrates, ein Lebewesen zu sein;* und dies ist der Fall, wenn die Termini *beginnt* und *hört auf* vor den übergeordneten Terminus gesetzt werden, so daß z.B. diese Folgerung nicht gilt: *du beginnst, einen Menschen zu sehen; also beginnst du, ein Lebewesen zu sehen,* da in *du siehst einen Menschen* der Ausdruck *einen Menschen* ein akzidenteller Terminus ist.[118] **Aber von einem Untergeordneten zu dem ihm Übergeordneten mit diesen Verben auf seiten des Subjekts ist die Folgerung gültig;** z.B.: *ein Mensch beginnt zu sehen; also beginnt ein Lebewesen zu sehen.*

Unde propositio affirmativa singularis, in qua ponitur hoc verbum *incipit* vel *desinit*, hec exponitur duobus modis. Uno modo per positionem de presenti, id est affirmationem, et remotionem de preterito, ut: *Sortes incipit esse* uno modo exponitur sic: *Sortes nunc est, et immediate ante hoc instans, quod est presens, non fuit; ergo Sortes incipit esse.* Alio modo per remotionem de presenti et positionem de futuro, ut: *<Sortes> nunc non est, et immediate post hoc erit; ergo Sortes incipit esse.*

Et ista propositio: *Sortes desinit esse* debet sic exponi in contradictorio modo, quia accipitur: affirmatio respectu huius verbi *incipit* capienda est negativa respectu huius verbi *desinit;* et verbum *<desinit>* accipitur: negatio huius verbi *incipit* capienda[79] est affirmativa respectu huius verbi *desinit.*

Et semper quando unus modus exponendi est verus, tunc illa propositio exposita est vera, aliter non. Ab uno modo exponendi ad propositionem expositam semper est consequentia bona tamquam ab exponentibus ad expositam, et non e converso.

Item ista propositio: *immediate post hoc eris* sic habet expositionem[80] : *post hoc eris, et nullum erit instans post hoc, quin immediate ante illud eris* etc. Et numquam est propositio vera nisi[81] utraque[82] eius exponens sit vera.

Et quandocumque sunt multi tales termini exponibiles in aliqua propositione, terminus qui primo loco ponitur, primo debet probari, <et> secundum eius expositionem debet <veritas vel> falsitas propositioni<s> verificari; ut ista propositio: <*omnis homo desinit esse* debet sic exponi expositione illius signi *omnis*, qui est primus terminus exponibilis:> *omnis homo desinit esse aliquid quod homo de*

[79] capienda] capiendo *D*
[80] expositionem] expositum *D*
[81] nisi] ubi *D*
[82] utraque] uterque *D*

Daher wird eine singuläre affirmative Aussage, in der das Verb *beginnt* oder *hört auf* vorkommt, auf zwei Weisen exponiert. Auf die eine Weise durch eine Setzung für die Gegenwart, d.h. durch eine Bejahung, und eine Verneinung für die Vergangenheit; z.B. wird *Sokrates beginnt zu existieren* auf die eine Weise so exponiert: *Sokrates existiert jetzt, und unmittelbar vor diesem Augenblick, der gegenwärtig ist, hat er nicht existiert; also beginnt Sokrates zu existieren.* Auf die andere Weise durch eine Verneinung über die Gegenwart und eine Setzung für die Zukunft; z.B.: *Sokrates existiert jetzt nicht, und unmittelbar danach wird er existieren; also beginnt Sokrates zu existieren.*

Und die Aussage *Sokrates hört auf zu existieren* muß somit auf kontradiktorische Weise exponiert werden, weil angenommen wird: Die Bejahung hinsichtlich des Verbs *beginnt* muß negativ hinsichtlich des Verbs *hört auf* aufgefaßt werden; und das Verb *hört auf* wird so verstanden: Die Negation des Verbs *beginnt* muß affirmativ hinsichtlich des Verbs *hört auf* aufgefaßt werden.

Und immer, wenn eine Weise des Exponierens wahr ist, dann ist jene exponierte Aussage wahr, andernfalls nicht. Von einer Weise des Exponierens zu der exponierten Aussage ist die Folgerung immer gültig als (Folgerung) von den Exponenten zur exponierten Aussage, und nicht umgekehrt.

Ebenso wird die Aussage *unmittelbar danach wirst du existieren* so exponiert: *nach diesem Augenblick wirst du existieren, und es wird keinen Augenblick danach geben, ohne daß du unmittelbar vor ihm existieren wirst.* Und niemals ist eine Aussage wahr, außer[119] jeder ihrer beiden Exponenten ist wahr.

Und wann immer mehrere solche exponierbaren Termini in einer Aussage vorkommen, muß der Terminus, der an erster Stelle steht, zuerst bewiesen werden, und entsprechend seiner Exposition muß die Wahrheit oder Falschheit der Aussage verifiziert werden; z.B. muß die Aussage *jeder Mensch hört auf zu existieren* exponiert werden durch die Exposition des Zeichens *jeder*, das der erste exponierbare Terminus ist: *jeder Mensch hört auf zu existieren als etwas,*

se est esse, et nichil est homo quin illud[83] *desinit esse; ergo omnis homo desinit esse.*

Amen.

Expliciunt consequentie quas composuit Reverendus Doctus Gulielmus de Osma.

[83] illud] aliquid *D*

was der Mensch von sich aus ist, und nichts ist ein Mensch, wenn es nicht aufhört zu existieren; also hört jeder Mensch auf zu existieren.[120]

Amen.

Hier enden die Folgerungen, die der hochwürdige gelehrte Wilhelm von Osma verfaßt hat.

KOMMENTAR

Kapitel I

[1] Vgl. Einleitung C 2.

[2] Vgl. Einleitung C 3.

[3] Von den folgenden Regeln betreffen allerdings die Regeln I.15–I.18 nicht formale, sondern materiale Folgerungen; vgl. Einleitung C 4.2 u. 4.3. – Die Regeln I.2–I.7 gehören zum Grundbestand fast aller Traktate *De consequentiis.*

[4] **I.1**: Vgl. Einleitung C 4 u. 4.1.

[5] **I.2**: $p ⥽ q \Vdash \neg q ⥽ \neg p$

Wilhelm von Osma ist an dieser Stelle präziser als der Anonymus$_5$, DC, fol. 1vb, der sagt: ‚*ex opposito consequentis sequitur oppositum antecedentis*'. Diese Formulierung findet sich jedoch auch bei Wilhelm von Osma in VII.2 (vgl. die folgende Anm.).

[6] **I.3**: $p ⥽ q \Vdash \neg q \,\phi\, p$

Diese Regel stammt aus der megarisch-stoischen Logik; vgl. Sextus Empiricus, Grundriß der Pyrrhonischen Skepsis II, 111, S. 181:

> Diejenigen ferner, die den ‚Zusammenhang' einführen, nennen eine Implikation richtig, wenn der kontradiktorische Gegensatz ihres Nachsatzes mit ihrem Vordersatz unverträglich ist.

‚*Repugnat*' kennzeichnet den kontradiktorischen und/oder konträren Gegensatz. Um dies symbolisieren zu können, benötigen wir ein Zeichen, das es in der modernen Aussagenlogik nicht gibt und nicht geben kann:

$\dot{\neg}\, p$ =def *oppositum contrarium vel oppositum contradictorium p*

Nach Burleigh, TL II-1, 1, S. 63, 8–10, ist ‚mit etwas stehen (können)' (*stare cum aliquo*) definiert durch ‚mit demselben wahr sein können' (*posse esse verum cum eodem*) als Gegenbegriff zu ‚widersprechen' (*repugnare*), also:

$$p \circ q =_{def} M(p \wedge q)$$
$$p \,\phi\, q =_{def} U(p \wedge q)$$

Nach der Definition der Folgerung (vgl. Einleitung C 4) gilt:

$$p ⥽ q =_{def} U(p \wedge \neg q)$$

Dann gilt nach der Definition von *‚repugnat‘*:

$$p \mathrel{-\!\!\!3} q \Leftrightarrow p \;\phi\; \neg q$$

und dann folgt wiederum mit Hilfe der Definition der Folgerung:

$$p \;\phi\; \neg q \Leftrightarrow \neg q \mathrel{-\!\!\!3} \dot{\neg} p$$

und somit gilt (was wir Regel I.3a nennen wollen):

$$p \mathrel{-\!\!\!3} q \Vdash \neg q \mathrel{-\!\!\!3} \dot{\neg} p$$

Daß dies genau den Voraussetzungen der Traktate der frühen englischen Logiker entspricht, kann dadurch gezeigt werden, daß I.3a präzise in dieser Form in Traktaten der Zeit Wilhelms von Osma aufgeführt wird, z.B. bei dem Anonymus$_4$, DC I, S. 118, 103–105:

> Ex opposito contradictorio consequentis sequitur oppositum contrarium vel contradictorium antecedentis.
>
> Aus dem kontradiktorischen Gegenteil des Konsequens folgt das konträre oder das kontradiktorische Gegenteil des Antezedens.

Vgl. auch Burleigh, TL II-1, 1, S. 64, 12–19.

Dies stellt dann die präzisere Form der in VII.2 enthaltenen Regel dar:

> Ex opposito consequentis sequitur oppositum antecedentis.
>
> Aus dem Gegenteil des Konsequens folgt das Gegenteil des Antezedens.

VII.2 zeigt auch den Hintergrund dieser Regel und deren präziserer Form I.3a an, nämlich den indirekten Beweis im syllogistischen System. Nimmt man die Konklusion als Konsequens, so ergibt sich aus dem *kontradiktorischen* Gegenteil des Konsequens mit einer der Prämissen bei den Modi *Baralipton*, *Fapesmo*, *Darapti* und *Felapton* das *konträre* Gegenteil der anderen Prämisse, bei den übrigen Modi hingegen das *kontradiktorische* Gegenteil. Die Regel I.3a/VII.2 faßt beide Fälle in eine Regel zusammen. I.2 ergibt sich dann aus I.3, da in allen Fällen, in denen sich ein konträres Gegenteil ergibt, mit Hilfe von I.9 (= Subalternation) das kontradiktorische Gegenteil abgeleitet werden kann.

[7] **I.4**: $p \mathrel{-\!\!\!3} q,\; q \mathrel{-\!\!\!3} r \Vdash p \mathrel{-\!\!\!3} r$

[8] **I.5**: $p \mathrel{-\!\!\!3} q,\; r \mathrel{-\!\!\!3} p \Vdash r \mathrel{-\!\!\!3} q$

[9] **I.6**: $p \mathrel{-\!\!\!3} q =_{\mathrm{def}} U(p \wedge \neg q)$

Vgl. Einleitung C 4.

Die Tilgung des *‚non‘* (vgl. textkrit. Apparat) ist unproblematisch; es handelt sich um einen Fehler, der vermutlich bei der Umstellung

von ‚*non est possibile*‘ (so im Paralleltext des Anonymus$_5$, DC, fol. 1vb) zu ‚*impossibile est*‘ aufgetreten ist.

[10] **I.7**: $p \mathrel{-\!\!\!3} q,\ q \mathrel{-\!\!\!3} r, \ldots s \mathrel{-\!\!\!3} t \Vdash p \mathrel{-\!\!\!3} t$

Diese Regel stellt eine mehrmalige Anwendung von I.4 dar.

[11] Die beiden Ergänzungen im lat. Text wurden nach Lavenham, DC, S. 103 (Nr. 13), u. Fland, DC, S. 67 (Nr. 36), vorgenommen. Bei beiden Autoren findet sich auch dieselbe Erklärung der Ungültigkeit der Folgerung: ‚*consequentiae* (Fland: *intermediae*) *variatae*‘. Das ergänzte ‚*et si nox est*‘ findet sich auch bei Manlevelt, DC, fol. 56r, dort auch die Erklärung der Ungültigkeit: ‚*consequentie intermedie non sunt formales et bone*‘. Dieses Beispiel ist inkonsequenterweise als Konditionalaussage und nicht als Folgerung formuliert (vgl. dazu Einleitung C 2). Der Anonymus$_5$, DC, fol. 2ra, führt dasselbe Beispiel in konsequenter Weise als Folgerung auf, daher ist dort auch die Erklärung der Ungültigkeit ‚*quia consequentie intermedie sunt variate*‘ terminologisch kohärent im Unterschied zu Lavenham, Fland u. Wilhelm von Osma.

[12] **I.8**: $M(Wp \wedge Fq) =\mathrm{def}\ \neg (p \mathrel{-\!\!\!3} q)$

Selbstverständlich gilt auch die entsprechende Äquivalenz, die dann auch unmittelbar als Regel verstanden werden kann. Die Regel läßt sich durch beiderseitige Negation und mit Hilfe von ‚$\neg M \Leftrightarrow U$‘ auf I.6 zurückführen:

$$M(p \wedge \neg q) \Leftrightarrow \neg (p \mathrel{-\!\!\!3} q) \quad \text{I.8; mit Hilfe von: } \neg M \Leftrightarrow U$$
$$U(p \wedge \neg q) \Leftrightarrow p \mathrel{-\!\!\!3} q \quad \text{I.6}$$

Zum Hintergrund von I.8 vgl. Einleitung C 5.

[13] **I.9**: $A\ a\ B \Vdash A\ i\ B$

$A\ e\ B \Vdash A\ o\ B$

Diese Regel beruht auf dem Gesetz der Subalternation: Wenn eine universelle Aussage wahr ist, dann ist auch die ihr entsprechende partikuläre Aussage wahr (vgl. z.B. Petrus Hispanus, Summule logicales I, S. 7, 28 f.). Die Regel besagt streng genommen nur: Wenn ein Prädikatsterminus einem Subjektsterminus für alle unter letzteren Fallenden zugesprochen/abgesprochen wird, so muß er auch einigen unter diesen Subjektsterminus Fallenden zugesprochen/abgesprochen werden. Die Wahrheit von Aussagen mit singulärem Subjektsterminus ist dabei bei affirmativen Aussagen, auch bei partikulären, nur unter bestimmten Bedingungen mitbehauptet. Diese strenge Interpretation wurde häufig faktisch nicht durchgehalten, sie ist jedoch im Hinblick auf die Regeln I.11–I.13 erfordert.

[14] **I.10**: Diese Regel legt fest, daß ein nichtquantifizierter Terminus immer wie ein partikulärer begriffen werden kann. Es ist damit nicht ausgeschlossen, daß er auch einem universellen Terminus ent-

sprechen kann, was der Fall ist, wenn wie in ‚*homo est animal*' der Prädikatsterminus im Subjektsterminus enthalten ist; vgl. Burleigh, DC X, S. 162 (Nr. 168).

Diese Regel ist schon durch die Syntax der lateinischen Sprache erfordert. In einer Sprache, die über keine Artikel verfügt, muß festgelegt werden, wofür ein nichtquantifizierter Terminus steht.

[15] **I.11** u. **I.13**: Diese Regel ist erfordert aufgrund der Wahrheitsbedingungen der UA und PA, bei denen nicht vorausgesetzt ist, daß ihnen eine singuläre Aussage (oder mehrere) entspricht. Vgl. Anonymus$_1$, DC, S. 8 (Nr. 23):

> Ad hoc quod universalis sit vera oportet quod quaelibet eius singularis sit vera, si habeat singulares.
> Damit eine universelle Aussage wahr ist, ist erfordert, daß jede beliebige ihr entsprechende singuläre Aussage wahr ist, falls sie (überhaupt) singuläre Aussagen hat.

Die Zusatzbedingung *si habeat singulares* ist erfordert, da auch z.B. eine UA wie *omnis chimaera est chimaera* wahr ist, obwohl keine ihr entsprechende singuläre Aussage wahr ist (*et tamen nulla singularis eius est vera, quia non habet singulares;* ebd.). Das erforderliche Zwischenglied (*debitum medium*) in I.11 u. I.13 hat also genau die Funktion, ausdrücklich festzustellen, daß es sich um eine UA handelt, der (mindestens) eine singuläre Aussage entspricht, d.h. es formuliert eine Erfüllungsbedingung.

[16] **I.12**: Ein solches die Wahrheit einer singulären Aussage behauptendes Zwischenglied ist bei der UN nicht erfordert, da eine der UN entsprechende singuläre Aussage sowohl dann wahr ist, wenn das Prädikat dem Subjekt nicht zukommt, als auch dann, wenn dem Subjektsterminus nichts Existierendes entspricht. Vgl. Ockham, SL I, 72, S. 218, 121–219, 124:

> In propositionibus autem negativis denotatur terminus non supponere pro aliquo, vel supponere pro aliquo a quo vere negatur praedicatum, et ideo talis negativa habet duas causas veritatis.
> In negativen Aussagen aber wird angezeigt, daß der Terminus nicht für irgendetwas supponiert oder daß er für irgendetwas supponiert, von dem das Prädikat in wahrer Weise negiert wird, und deshalb hat eine solche negative Aussage zwei Ursachen der Wahrheit.

Zu ‚Ursachen der Wahrheit' vgl. Anm. 43.

I.11–I.13 wird von manchen Autoren mit Hilfe der Unterschei-

dung *simplex – ut nunc* ausgedrückt, vgl. $Anonymus_4$, III, S. 138, 16–18:

> Ab universali affirmativa ad suam singularem, si habeat, est bona consequentia ut nunc, et ab universali negativa ad suam singularem est bona consequentia simplex.
> Von einer universell affirmativen zu einer ihr entsprechenden singulären Aussage ist, falls sie eine solche hat, eine für-jetzt gültige Folgerung, und von einer universell negativen zu einer ihr entsprechenden singulären Aussage ist eine schlechthin gültige Folgerung.

Zu der Unterscheidung *simplex – ut nunc* vgl. Einleitung C 5. Durch die Verwendung des Zwischenglieds (*debitum medium*) kann Wilhelm von Osma auf diese Unterscheidung verzichten.

[17] Vgl. Anm. 15.

[18] **I.14:** $p ⥽ q,\ Wp \Vdash Wq$

Die Formulierung der Regel in der Versform ist ungenau; präziser z.B. bei Burleigh, DC I, S. 115 (Nr. 10):

> Ex falsis potest sequi verum, sed ex veris non sequitur nisi verum.
> Aus Falschen kann Wahres folgen, aber aus Wahren folgt nur Wahres.

Für die Herkunft dieser Regel wird häufig auf Aristoteles verwiesen, so z.B. $Anonymus_1$, S. 5 (Nr. 12). Die in Frage kommende Stelle bei Aristoteles ist 1. Analytik II, 2, 53 b 7 ff. Diese Stelle zeigt die Herkunft der Regel aus der Syllogistik: Aus wahren Prämissen *muß* mit einem gültigen syllogistischen Modus ein wahrer Schlußsatz folgen, mit einem gültigen syllogistischen Modus *kann* aber aus falschen Prämissen doch ein wahrer Schlußsatz folgen. – Deshalb steht bei Burleigh der Plural ‚*ex veris*', ‚*ex falsis*', d.h. ‚aus wahren (Prämissen)', ‚aus falschen (Prämissen)'.

Zu I.14 vgl. auch I.6 und I.8.

[19] **I.15:** $Np,\ Kq \Vdash \neg(p ⥽ q)$

Die Erklärung liefern die beiden Definitionen:

$Np =def\ U(Fp)$	oder:	$Np =def\ U\neg p$
$Kq =def\ Wq \wedge M(Fq)$	oder:	$Kq =def\ q \wedge M\neg q$

Nach I.6 gilt: $p ⥽ q \Leftrightarrow U(p \wedge \neg q)$. Da aber ‚Kq' nach der Definition die Möglichkeit von ‚$\neg q$' zuläßt, ist die Konjunktion ‚$p \wedge \neg q$' nicht unmöglich, die Folgerung somit nicht gültig; vgl. auch I.8: $M(p \wedge \neg q) \Leftrightarrow \neg(p ⥽ q)$

[20] **I.16:** $Kp,\ Uq \Vdash \neg(p ⥽ q)$

Da ‚Uq' auf jeden Fall ‚$\neg q$' besagt und ‚Kp' besagt: ‚$p \wedge M\neg p$',

also ‚p‘ gilt, ist die Konjunktion ‚$p \wedge \neg q$‘ nicht unmöglich, die Folgerung somit nicht gültig; vgl. I.8.

[21] **I.17:** $Nq \Vdash p ⥽ q$

Nach I.6 gilt:

$$p ⥽ q \Leftrightarrow U(p \wedge \neg q)$$

und eine hinreichende Bedingung für ‚$U(p \wedge \neg q)$‘ ist, daß ‚Up‘ oder ‚$U\neg q$‘ zutrifft; definitionsgemäß gilt (vgl. I.15): ‚$U\neg q \Leftrightarrow Nq$‘, also sind ‚Up‘ und ‚Nq‘ jeweils hinreichende Bedingung für die Gültigkeit von ‚$p ⥽ q$‘. Somit gilt:

I.17: $Nq \Vdash p ⥽ q$
I.18: $Up \Vdash p ⥽ q$

[22] **I.18:** $Up \Vdash p ⥽ q$

Vgl. Anm. 21.

[23] **I.19** *per se:* $A < C,\ A \text{ i } B \Vdash C \text{ i } B$
per accidens: $AC < C,\ AC \text{ i } B \Vdash C \text{ i } B$

Zur Begründung von I.19 *per accidens* vgl. I.20.

Für die Formalisierung wird Regel I.10 herangezogen, die die Äquivalenz von indefiniten und partikulären Aussagen festlegt. Diese Form der Formalisierung stellt eine nach I.10 legitime Hilfskonstruktion für das (heutige) leichtere Verständnis der Regeln dar. Vgl. jedoch weiter unten Anm. 34 zur vermutlich korrekteren Rekonstruktion der Struktur der mittelalterlichen Logik in diesem Punkt.

Distribution: universelle Quantifizierung des Subjektsterminus. – Ausdrücke, die die Kraft einer Negation haben: Ausdrücke in Aussagen, deren Exposition zeigt, daß in ihnen eine Negation enthalten ist, z.B. ‚*tantum*‘, ‚*preter*‘ (vgl. dazu Kommentar zu Kap. II u. III).

In der mittelalterlichen Logik muß immer die Syllogistik als maßgeblicher Hintergrund berücksichtigt werden. Gilt ‚$A < C$‘, so gilt auch ‚A a C‘, und somit ergibt sich im Fall von I.19 *per se* der syllogistische Modus *Disamis*: $A \text{ i } B,\ A \text{ a } C \Vdash C \text{ i } B$. – Für Unter- und Überordnung an Prädikatsstelle vgl. VII.1.

[24] Aristoteles, Kategorien, Kap. 12, 14a 30, u. Kap. 13, 15a 4–6. Die mittelalterlichen Autoren zitierten nach der Übers. der Kategorien von Boethius (Aristoteles Latinus I, 1–5, Brügge–Paris 1961, S. 27 u. 39).

[25] **I.20:** $AC < A$
$AC < C$

Die mittelalterlichen Logiker setzten dabei immer die Kompatibilität von ‚A‘ und ‚C‘ voraus, ‚AC‘ muß also eine kategorial mögliche Kombination sein.

26 **I.21:** $A < C\ ,\ A\ o\ B \Vdash C\ o\ B$

Der korrespondierende syllogistische Modus ist *Bocardo*:

$A\ o\ B, A\ a\ C \Vdash C\ o\ B$

27 **I.21.1:** $A < C \quad \neg(A\ i\ B) \nVdash \neg(C\ i\ B)$

$\Leftrightarrow A < C\ ,\ A\ e\ B \nVdash C\ e\ B$

Die Folgerung ist (vgl. I.8) nicht gültig, da es unter Voraussetzung von ‚A < C' möglich ist, daß ‚A e B' wahr ist, nicht aber ‚C e B'. Oder: weil (vgl. I.3) unter Voraussetzung von ‚A < C' das kontradiktorische Gegenteil des Konsequens, also ‚C i B', dem Antezedens ‚A e B' nicht widerspricht.

Der dem Antezedens korrespondierende syllogistische Modus ist *Felapton*: A e B, A a C ⊩ C o B. Bei dem gegebenen Antezedens *kann* also ‚C e B' wahr sein, es *muß* aber nur ‚C o B' wahr sein.

28 **I.21.2:** $B < C, A\ i\ B, \overline{A}\ e\ B \nVdash A\ i\ C, \overline{A}\ e\ C$

(Z.B. ‚Mensch' = ‚A', ‚laufend' = ‚B', ‚sich bewegend' = ‚C')

Die Exposition einer exklusiven Aussage hat folgende Form (vgl. II.1):

excl A est B =def $A\ i\ B, \overline{A}\ e\ B$

woraus sich die obige Formalisierung von I.21.2 ergibt.

Unter Voraussetzung von ‚B < C' ergibt sich zwar der erste Exponent des Konsequens aus ‚A i B' mit Hilfe von I.19 und I.9, nicht aber ergibt sich der zweite Exponent ‚$\overline{A}$ e C' mit Hilfe von ‚B < C' aus dem zweiten Exponenten des Antezedens, also aus ‚$\overline{A}$ e B'. Der ‚B < C, $\overline{A}$ e B' korrespondierende syllogistische Modus ist *Fapesmo*: B a C, $\overline{A}$ e B ⊩ C o $\overline{A}$. Bei dem gegebenen Antezedens *kann* also ‚C e $\overline{A}$' bzw. ‚$\overline{A}$ e C' wahr sein, es *muß* aber nur ‚C o $\overline{A}$' wahr sein. Dies zeigt, daß die Folgerung in I.21.2 nicht gültig ist.

29 **I.21.3:** $B < C\ ,\ A\ o/e\ B \nVdash A\ o/e\ C$

(‚du' = ‚A', ‚Esel' = ‚B', ‚Lebewesen' = ‚C')

Der Ausdruck ‚etwas anderes' (*aliud*) wird in folgender Weise analysiert, so z.B. von Martin von Alnwick, S. 23 (Nr. 65):

> A est aliud a B probatur sic: ‚A est; et B est; et A non est B; igitur A est aliud a B'.
>
> ‚A ist etwas anderes als B' wird so bewiesen: ‚A existiert; und B existiert; und A ist nicht B; somit ist A etwas anderes als B'.

In der Formalisierung ist vorausgesetzt, daß A und B existieren. Der Subjektsterminus des Beispielsatzes ist ein Personalpronomen, das in der logischen Analyse wie ein singulärer Terminus aufgefaßt wurde. Die mittelalterlichen Logiker faßten solche Termini manchmal als universelle, häufiger als partikuläre Termini auf. Deshalb wird in der Formalisierung ‚i/a' bzw. ‚o/e' gesetzt. Eine solche alternierende

Quantität singulärer Termini kann in einem kohärenten logischen System durchaus Platz finden (vgl. Sommers, 1982, S. 18 f.).

Die Folgerung ist nicht gültig, da unter Voraussetzung von ‚B < C' das kontradiktorische Gegenteil von ‚A o C', also ‚A a C', mit dem Antezedens ‚A o B' vereinbar ist; ebenso ist das kontradiktorische Gegenteil von ‚A e C', also ‚A i C', mit dem Antezedens ‚A e B' vereinbar. Für die Gültigkeit einer Folgerung ist aber nach I.3 erfordert, daß das kontradiktorische Gegenteil des Konsequens mit dem Antezedens unvereinbar ist.

Daß die Folgerung nicht gültig ist, zeigt sich auch daran, daß bei Einsetzung von ‚B a C' für ‚B < C' im Antezedens sich kein gültiger syllogistischer Modus ergibt.

[30] **I.21.4:** $A < C,\ A\ a\ B \not\Vdash C\ a\ B$

$A < C,\ A\ e\ B \not\Vdash C\ e\ B$

(‚Mensch' = ‚A', ‚laufend' = ‚B', ‚Lebewesen' = ‚C')
Beweis der Ungültigkeit wie in Anm. 29 (nach I.3): ‚C o B' ist unter Voraussetzung von ‚A < C' mit ‚A a B' vereinbar; ebenso ‚C i B' mit ‚A e B'.

Bei Einsetzung von ‚A a C' für ‚A < C' im Antezedens ergäbe sich im ersten Fall nach *Darapti* nur ‚C i B', im zweiten Fall nach *Felapton* nur ‚C o B'.

[31] **I.21.5** u. **I.22**, *sciendum*: Bei Ausdrücken des Komparativs, des Superlativs sowie ‚ebenso wie' usw. ist eine Folgerung

(a) vom *Über*geordneten zum *Unter*geordneten *gültig*

(b) vom *Unter*geordneten zum *Über*geordneten *nicht gültig*.

(a) = I.22, *sciendum*; (b) = I.21.5. Das *sciendum* steht bei Wilhelm von Osma von der Sache her in I.22 an der falschen Stelle; wie der Text des Anonymus$_5$, DC, fol. 2rb, bestätigt, ist die richtige Stelle unmittelbar nach I.21.5.

Diese beiden Regeln ergeben sich aus der Supposition, die allgemeine Termini haben, die einem Komparativ/Superlativ/‚ebenso wie' usw. folgen: Steht ein solcher Terminus *ohne* Universalisierungszeichen, so hat er konfuse und distributive Supposition (vgl. z.B. Lavenham, DC, S. 109 f., Nr. 39); diese Supposition ist dieselbe wie jene, die für Subjekte in universellen Aussagen gilt (vgl. z.B. Ockham, SL I, 70, S. 211, 62–68). – Deshalb muß in der Übers. an den entsprechenden Stellen ‚jeder' hinzugefügt werden (auch um eine Unterscheidung gegenüber der indefinit/partikulären Aussage zu treffen).

Entsprechend dieser Supposition wird die Exposition der Aussagen mit Komparativ/Superlativ/‚ebenso wie' usw. durchgeführt, die auch zeigt, daß solche Ausdrücke die Kraft einer Negation haben (vgl. I.22, *sciendum* u. unten Exp$_3$). Nimmt man die Exposition des

Standardbeispiels ‚*tu es ita fortis sicut homo*' (vgl. z.B. Lavenham, DC, S. 110, Nr. 39), so läßt sich die Folgerung in I.22, *sciendum* in folgender Weise rekonstruieren:

	tu es ita fortis sicut animal		$\Vdash$	tu es ita fortis sicut homo
Exp_1:	tu es fortis			tu es fortis
	A a/i B		$\Vdash$	A a/i B
Exp_2:	animal est fortis			homo est fortis
	C a B	C > E	$\Vdash$	E a B
Exp_3:	nullus animal est fortior te			nullus homo est fortior te
	C e D	C > E	$\Vdash$	E e D

Es ist evident, daß die Folgerung vom Übergeordneten (C) zum Untergeordneten (E) gilt (= I.22, *sciendum*); sie kann mit *Barbara* überprüft werden. Nicht aber gilt die umgekehrte Folgerung (= I.21.5); vgl. I.21.1.

32 I.22: A > C, A i B $\nVdash$ C i B

(‚Lebewesen' = ‚A', ‚laufend' = ‚B', ‚Mensch' = ‚C')

Die Folgerung ist (vgl. I.3) nicht gültig, weil das kontradiktorische Gegenteil des Konsequens, also ‚C e B', unter Voraussetzung von ‚A > C' mit dem Antezedens ‚A i B' vereinbar ist; ersetzt man ‚A > C' durch ‚C a A', so ergibt sich nach *Felapton* aus ‚C e B' und ‚C a A' die Konklusion ‚A o B', die mit ‚A i B' vereinbar ist.

33 Vgl. Anm. 31.

34 I.23: Aus: A < C, A i/o B $\Vdash$ C i/o B
folgt: A < C, C a/e B $\Vdash$ A a/e B

Diese Regel wird von mittelalterlichen Autoren öfters an das Ende der Liste der allgemeinen Regeln gesetzt, vgl. z.B. $Anonymus_4$, DC II, S. 121, 152 f. Dies ist vielleicht ein Hinweis darauf, welche logische Theorie – sehr implizit natürlich – vorausgesetzt oder angezielt wurde:

(1) Es sollen zunächst allgemeinste Begriffsrelationen aufgestellt werden (die aus der Topik stammen), deren wichtigste die von Untergeordnetem – Übergeordnetem ist, also ‚A < B'. (Weitere wichtige Relationen sind die Unverträglichkeit, also ‚A ϕ B', und die Verträglichkeit, also ‚A ○ B'; die Symbole ‚○' und ‚ϕ' werden hier ausnahmsweise für Beziehungen zwischen Termini verwendet.) Diese Begriffsrelationen werden mit nichtquantifizierten Aussagen mit ‚*est*' bzw. ‚*non est*' kombiniert und mit Hilfe des Kriteriums I.3 auf ihre Gültigkeit in einer Folgerung hin überprüft. Die erste Stufe ist also ein implizit modal definierter Begriffskalkül (‚<' besagt eine notwendige Begriffsrelation).

(2) Dieser unquantifizierte Begriffskalkül wird dann durch zwei Regeln – I.10 u. I.23 – zu einem Kalkül quantifizierter Aussagen erweitert.

Die Struktur wäre also für die Begriffsrelation ‚<' die folgende:

(1)	A < C:	A est B ⊩— C est B	(= I.19)
		A non est B ⊩— C non est B	(= I.21)
(2a)	Mit Hilfe von I.10 ergibt sich aus (1):		
	A < C:	A i B ⊩— C i B	(= I.19 + I.10)
		A o B ⊩— C o B	(= I.21 + I.10)
(2b)	Mit Hilfe von I.23 ergibt sich aus (1):		
	A < C:	C a B ⊩— A a B	(= I.19 + I.23)
		C e B ⊩— A e B	(= I.21 + I.23)

Kapitel II

35 In der Handschrift ist ‚*precise*' nicht eindeutig zu lesen. Die Lesung kann jedoch als gesichert gelten, da sich die Aufzählung der Kennzeichen der exklusiven Aussagen in identischer Form z.B. bei Billingham, DC, fol. 121r, und bei Lavenham, DC, S. 115 (Nr. 11) findet.

36 **II.1.1:** excl A a/i B =def (A a/i B) $\wedge$ ($\overline{A}$ e B)

.2: excl A e/o B =def (A e/o B) $\wedge$ ($\overline{A}$ a B)

Die Quantität ‚a/i' bzw. ‚e/o' ist erfordert, da ein Kennzeichen der Exklusion auch vor singulären und universellen Termini stehen kann; vgl. Ockham, SL II, 17, S. 296, 14–16, u. S. 298 f., 70–89.

37 **II.2:** excl A a/i B $\Vdash$ B a A

Beweis ausgehend von Exp_2 aus II.1.1:

$\overline{A}$ e B $\Leftrightarrow$ B e $\overline{A}$ aufgrund der einfachen Umkehrung der UN

B e $\overline{A}$ $\Leftrightarrow$ B a A aufgrund von VII.9 (vorausgesetzt ‚B est')

VII.9 gilt auch in umgekehrter Richtung, vgl. Kommentar Kap. VII, Anm. 102(4). Die dort geforderte *constantia subiecti* (also ‚B est') ist durch Exp_1 gesichert:

A a/i B $\Vdash$ B i A aufgrund der Subalternation und der einfachen Umkehrung der PA

38 **II.3:** excl A a/i B $\Vdash$ A a/i B

Die zugrundeliegende Aussage ist gleich dem Exp_1; dieser folgt aus II.1.1 aufgrund von II.5.

39 **II.4.1:** excl A a/i B $\Vdash$ (A a/i B) $\wedge$ ($\overline{A}$ e B)

.2: excl A e/o B $\Vdash$ (A e/o B) $\wedge$ ($\overline{A}$ a B)

Die Folgerung gilt aufgrund der Definition in II.1.

Der Ausdruck ‚*ad utramque*' bedeutet eigentlich: ‚zu jedem von beiden'. Die Interpretation und damit die Berechtigung der vorgenommenen Wiedergabe des Ausdrucks in der Übersetzung ergibt sich jedoch daraus, daß gesagt wird, daß die Regel auch umgekehrt gilt (im Unterschied zu II.5), was nur dann gilt, wenn die beiden Exponenten zusammen gemeint sind.

40 **II.5.1:** excl A a/i B $\Vdash$ A a/i B

excl A a/i B $\Vdash$ $\overline{A}$ e B

.2: excl A e/o B $\Vdash$ A e/o B

excl A e/o B $\Vdash$ $\overline{A}$ a B

Die Folgerung gilt aufgrund der Definition in II.1 und aufgrund der Regel IV.2 für kopulative Aussagen. Daß die umgekehrte Folgerung nicht gilt, ist klar aufgrund der entsprechenden Regel IV.4. Bei vielen Autoren wird eine allgemeine Regel für implizit hypothetische Aussagen so formuliert, daß sie Fälle wie z.B. II.5 ebenso wie III.4 umgreift (und auch weitere Fälle wie etwa die der reduplikativen

Aussagen, vgl. Einleitung C 1); so z.B. bei Lavenham, DC, S. 105 (Nr. 26):

> A propositione habente plures exponentes ad quamlibet suam exponentem est consequentia bona.
> Von einer Aussage, die mehrere Exponenten hat, zu einem beliebigen ihrer Exponenten ist eine gültige Folgerung.

41 **II.6:** W(excl p) =def W(Exp_1) ∧ W(Exp_2)
F(Exp_1) ∨ F(Exp_2) =def F(excl p)

Diese Regel ist die Anwendung von IV.1 auf die Konjunktion der Exponenten. – Die zweite Zeile ergibt sich aus der ersten durch Kontraposition.

42 II.6, *notandum*: ¬ (excl p) ⇔ ¬ Exp_1 ∨ ¬ Exp_2

Aussagenlogisch:

(‚Exp_1' = ‚q', ‚Exp_2' = ‚r')
Wenn: excl p ⇔ q ∧ r
dann: ¬ (excl p) ⇔ ¬ q ∨ ¬ r aufgrund von IV.5

Begriffslogisch (vgl. Beispiel im Text) entsprechend II.1.1:

(‚Mensch' = ‚A', ‚laufend' = ‚B')
¬ (excl A i B) ⇔ (A e b) ∨ ($\bar{A}$ i B)

Zu II.1.2 wäre entsprechend:

¬ (excl A o B) ⇔ (A a B) ∨ ($\bar{A}$ o B)

43 ‚Ursache der Wahrheit' (*causa veritatis*) wird in folgender Weise definiert, z.B. von Albert von Sachsen, Perutilis logica, S. 18ra:

> Per causam veritatis intelligo illud quod sufficit ad veritatem illius propositionis; v.g. ad veritatem istius propositionis ‚homo currit' sufficit quod Sortes currat; similiter sufficit quod Plato currat, et sic de aliis.
> Unter einer Ursache der Wahrheit verstehe ich das, was für die Wahrheit jener Aussage hinreicht; z.B. ist es für die Wahrheit der Aussage ‚ein Mensch läuft' hinreichend, daß Sokrates läuft; entsprechend ist es hinreichend, daß Platon läuft, und so für die anderen (Fälle).

Eine Ursache der Wahrheit liegt also dann vor, wenn die Wahrheit einer Aussage durch eine Disjunktion von Aussagen festgelegt ist, so daß die Wahrheit eines der Glieder der Disjunktion für die Wahrheit der Aussage hinreichend ist. – Die Ursachen der Wahrheit werden im Zusammenhang der Folgerungslehre dort eingeführt, wo die Negation eines Exponendums eine Disjunktion von Aussagen ergibt (= II.6, *notandum*); vgl. Burleigh, DC II, S. 119 (Nr. 35 f.), Fland, DC, S. 76 f. (Nr. 77–80); Lavenham, DC, S. 106 f. (Nr. 31). Geht man von der Analyse implizit hypothetischer Aussagen aus (vgl. Einleitung C 1), so haben Exponenten wie Ursachen der Wahrheit genau die-

selbe Funktion. Die Exponenten bilden jedoch eine Konjunktion von Aussagen (dies ist einfach definitorisch für ‚Exponenten' festgelegt), für die somit gilt, daß alle Exponenten wahr sein müssen, damit das Exponendum wahr ist (= II.6). Ergibt die Analyse hingegen eine Disjunktion von Aussagen, für die also gilt, daß es hinreicht, daß eine von ihnen wahr ist, damit das Exponendum wahr ist, dann werden die Glieder dieser Analyse ‚Ursachen der Wahrheit' genannt.

Z.B. Exposition: $p \Leftrightarrow q \wedge r$ ‚q', ‚r' sind Exponenten

folglich: $p \Leftrightarrow q \wedge r \Vdash p \dashv\!3\, q$

$p \Leftrightarrow q \wedge r \Vdash p \dashv\!3\, r$

Im Unterschied dazu: Wenn gilt: $p \Leftrightarrow q \vee r$, dann:

II.7: $p \Leftrightarrow q \vee r \nVdash p \dashv\!3\, q$ ‚q', ‚r' sind Ursachen

$p \Leftrightarrow q \vee r \nVdash p \dashv\!3\, r$ der Wahrheit

Diese Regel stellt nur eine andere Formulierung von V.1 dar.

[44] Die sachlich erforderte Ergänzung von ‚*non*' ist philologisch gestützt durch den Paralleltext des Anonymus$_5$, DC, fol. 2va.

[45] **II.8**: $q, (p \Leftrightarrow q \vee r) \Vdash p$

(eine Ursache der Wahrheit = ‚q'; Aussage, die dieselbe Ursache der Wahrheit hat = ‚p')

Die Regel gilt aufgrund der Voraussetzung (Ursachen der Wahrheit) und aufgrund von V.2:

$q \Vdash q \vee r$ (= V.2)

$p \Leftrightarrow q \vee r$ (= Voraussetzung)

folglich: $q \Vdash p$

[46] **II.9**: $A < C$, excl A i $B \Vdash$ excl C i B

(‚Mensch' = ‚A', ‚laufend' = ‚B', ‚Lebewesen' = ‚C')

Der Beweis kann auf folgende Weise geführt werden (er wird der besseren Übersichtlichkeit halber mit ‚i' geführt, er ist jedoch ebenso mit ‚a' oder ‚e/o' durchführbar):

(1) $A < C$, excl A i B $\Leftrightarrow$ $A < C$, (A i B) $\wedge$ ($\overline{A}$ e B)
aufgrund von II.1.1

(2) $A < C$, A i B $\Vdash$ C i B
aufgrund der Voraussetzung und Exp_1 + I.19

(3) $A < C$, $\overline{A}$ e B
= Voraussetzung + Exp_2

(3a) $\overline{C} < \overline{A}$, $\overline{A}$ e B
aus (3) aufgrund der Kontraposition

(3b) $\overline{C} < \overline{A}$, $\overline{A}$ e B $\Vdash$ $\overline{C}$ e B
aus (3a) aufgrund von I.21 + I.23 (vgl. Kap. I, Anm. 34, 2b)

(4) C i B, $\overline{C}$ e B $\Leftrightarrow$ excl C i B
= Konsequens aus (2) und (3b) + Def. der exklusiven Aussage in II.1

[47] Der Nachweis der Ungültigkeit wurde in I.21.2 geführt.

[48] **II.10**: Diese Regel besagt, daß bei exklusiven Aussagen, deren Subjektsterminus eine Zahlbestimmung enthält, die Negation dieses Terminus eine spezielle, eingeschränkte Interpretation erhalten muß. Folgt man der uneingeschränkten Exposition entsprechend II.1.1, so ergibt sich für eine beliebige Zahl X die Exposition:

$$\text{excl XA sunt B} \Leftrightarrow \text{XA sunt B, nulli non-XA sunt B}$$

‚non-X' kann nun entweder mehr oder weniger als X sein, wobei sich aber bei weniger als X (nur dieser Fall wird ‚Exposition in Hinsicht auf die Verschiedenheit' genannt) ein Widerspruch ergibt, wie es z.B. Billingham, DC, fol. 121v, deutlich macht:

> Si aliqua talis exponitur ratione alietatis ista talis est impossibilis, verbi gratia: ‚tantum quatuor homines currunt' exponitur sic: ‚quatuor homines et nulli alii quam quatuor homines curunt'. Ex prima exponente sequitur quod duo homines currunt, ex alia sequitur quod nulli duo homines currunt, quia quidquid sequitur exponentibus sequitur ab exposito, et sequuntur duo contradictoria.
>
> Wenn eine solche (sc. exklusive Aussage) in Hinsicht auf die Andersheit exponiert wird, dann ist eine solche Aussage unmöglich, z.B.: ‚nur vier Menschen laufen' wird so exponiert: ‚vier Menschen laufen, und keine anderen als vier Menschen laufen'. Aus dem ersten Exponenten folgt, daß zwei Menschen laufen, aus dem anderen (Exponenten) folgt, daß keine zwei Menschen laufen, denn was immer aus den Exponenten folgt, folgt aus dem Exponierten, und es folgen zwei kontradiktorische Aussagen.

Um diesen Widerspruch zu vermeiden, wird ‚non-X' auf ‚mehr als X' (*plus quam* [. . .]) eingeschränkt. In diesem Fall ist die Exposition widerspruchsfrei; diese Form wird ‚Exposition in Hinsicht auf die Mehrzahl' (*ratione pluralitatis*) genannt.

Es bleibt jedoch der Eindruck bestehen, daß hier aufgrund eines auftretenden Widerspruchs eine Einschränkung vorgenommen wird, die wie eine ad-hoc-Maßnahme erscheint. Es müßte eigentlich gesagt werden, warum die Exposition *ratione alietatis* von Anfang an unkorrekt ist. Vielleicht gibt Fland, DC, S. 75 f. (Nr. 76), einen Hinweis in diese Richtung, wenn er den durch eine Zahl bestimmten Subjektsterminus ein ‚*totum numerale*' nennt. In diesem Fall könnte man sagen, daß eine zahlenmäßig kleinere Einheit als X ein Teil (*pars*) von X ist und deshalb nicht unter ‚non-X' fällt.

Kapitel III

[49] Bei ‚wenn nicht' (*nisi*) muß unterschieden werden zwischen dem konsekutiven Gebrauch, der in einer Konditionalaussage vorliegt, und dem exzeptiven Gebrauch. Vgl. z.B. Sherwood, Syncategoremata, S. 82 f.; Lavenham, DC, S. 115 (Nr. 1). Im folgenden steht nur der exzeptive Gebrauch zur Diskussion.

[50] **III.1.1**: (A excp B) a C =def $(A\bar{B}$ a C) $\wedge$ (B e/o C)

.2: (A excp B) e C =def $(A\bar{B}$ e C) $\wedge$ (B a/i C)

(‚Mensch' = ‚A', ‚Sokrates' = ‚B', ‚laufend' = ‚C')

Zu ‚e/o' bzw. ‚a/i' (Quantität singulärer Termini) vgl. Kap. I, Anm. 29.

[51] Die Textkorrektur zu ‚*improprie*' ist gestützt durch Manlevelt, DC, fol. 57r. Vgl. auch Billingham, DC, fol. 122r, u. Fland, DC, S. 78 (Nr. 88).

[52] **III.2.1**: [(A excp B) a C] ϕ (A a C)

.2: [(A excp B) e C] ϕ (A e C)

Wenn jeder Mensch (‚A') außer Sokrates (‚B') läuft (‚C'), so laufen nicht alle Menschen; also gilt: ‚A o C'. Die zugrundeliegende Aussage ist nach III.1: ‚A a C', also:

(A o C) ϕ (A a C)

Entsprechend kann zu III.2.2 gebildet werden:

(A i C) ϕ (A e C)

N.B. ‚*repugnat*' gilt für kontradiktorischen und für konträren Gegensatz, vgl. Kap. I, Anm. 6; auch der hier vorliegende kontradiktorische Gegensatz ist also korrekt dargestellt.

Die Korrektur von ‚*sua*' zu ‚*suo*' ist gestützt durch den Paralleltext des $Anonymus_5$, DC, fol. 2va.

[53] **III.3**: excl A i B $\Vdash$ (C excp A) e B

(‚Mensch' = ‚A', ‚laufend' = ‚B', ‚alles' = ‚C')

Die Gültigkeit der Regel ergibt sich aus der Äquivalenz der Exponenten, die nach II.1.1 und III.1.2 folgende Form haben (wobei Exp_2 aus III.1.2 partikulär genommen wird entsprechend dem indefiniten Subjektsterminus ‚Mensch' im Beispiel):

(A i B) $\wedge$ ($\bar{A}$ e B) $\Vdash$ ($C\bar{A}$ e B) $\wedge$ ($\bar{A}$ i B)

$C\bar{A}$ e B $\Leftrightarrow$ $\bar{A}$ e B

[54] **III.4**: Diese Regel ergibt sich aus der Definition der Exposition (vgl. Einleitung C 1; vgl. II.4).

[55] **III.5**: Einige wahre und einige falsche Aussagen (mit gleichem

Subjekt und gleichem Prädikat) sind äquivalent einer PA und einer PN, z.B.:

$$(A\ i\ C) \wedge (A\ o\ C)$$

Dies aber entspricht der Exposition der exzeptiven Aussage, d.h. Exp_1 + Exp_2, da gilt: Exp_1 besagt nach III.1.1, daß einige ‚A' (nämlich jene, die ‚$\bar{B}$' sind) ‚C' sind, also gilt ‚A i C'. Das (oder die) ausgenommene(n) ‚B' muß (müssen), um eine *exceptio propria* zu bilden, unter ‚A' fallen, also gilt ‚B a A'; ‚B a A' ergibt nun mit Exp_2 in der Form ‚B e C' (nach *Felapton*) ‚A o C', und ebenso in der Form ‚B o C' (nach *Bocardo*) ‚A o C'. Folglich entspricht das Resultat

$$(A\ i\ C) \wedge (A\ o\ C)$$

dem Exponendum, also einer exzeptiven Aussage.

Zu ‚*exceptio propria*' vgl. die folgende Anm.

56 **III.6**: Eine exzeptive Aussage kann aus verschiedenen Gründen unkorrekt (*impropria*) sein. Das angeführte Beispiel entspricht nicht dem in der Regel explizierten Fall der Unkorrektheit. Das der Regel entsprechende gewöhnlich aufgeführte Beispiel lautet (so im Paralleltext des $Anonymus_5$, DC, fol. 2vb, und bei Manlevelt, DC, fol. 58r):

> Omnis homo preter omnem hominem currit.
> Jeder Mensch außer jedem Menschen läuft.

Die Exposition zeigt, daß diese Aussage widersprüchlich ist, da der Subjektsterminus des Exp_1 widersprüchlich ist (‚Mensch' = ‚A', ‚laufend' = ‚C'):

$$(A\ excp\ A) \Leftrightarrow A\bar{A}\ a\ C,\ A\ e/o\ C$$

Das bei Wilhelm von Osma angeführte Beispiel entspricht einer anderen Regel, die z.B. bei Ockham, SL II, 18; S. 309, 75 f., folgende Form hat:

> Semper illud quod excipitur in exceptiva debet esse aliquid contentum sub subiecto.
> Immer muß das, was in der exzeptiven Aussage ausgenommen wird, etwas sein, das unter dem Subjektsbegriff enthalten ist.

Sätze, die dieser Regel nicht entsprechen, werden von Ockham, SL II, 18, S. 309, 76–78, als unkorrekt (*impropria*) bezeichnet. – Das Enthaltensein wird bei Wilhelm von Osma durch die geforderte Beziehung von Ganzem (*totum*) und Teil (*pars*) zum Ausdruck gebracht. Dies entspricht auch der Forderung Burleighs, TL II-3, 2, S. 165, 1–9, der dasselbe Beispiel wie Wilhelm von Osma diskutiert: Der ausgenommene Teil muß eine *instantia contra totum* sein, sonst handelt es sich um eine unkorrekte Ausdrucksweise (*inconvenienter dicitur*).

Kapitel IV

57 **IV.1:** $F(p \wedge q) =_{def} Fp \vee Fq$

$W(p \wedge q) =_{def} Wp \wedge Wq$

In dieser Regel ist die Definition der *notwendigen* Bedingung für die *Wahrheit* und der *hinreichenden* Bedingung für die *Falschheit* einer Konjunktion von Aussagen enthalten; vgl. z.B. Petrus Hispanus, Summule logicales I, S. 9, 20–22:

> Ad veritatem copulative exigitur quod utraque pars sit vera [. . .]. Ad falsitatem eius sufficit alteram partem esse falsam [. . .].
>
> Für die Wahrheit einer kopulativen Aussage ist erfordert, daß jeder der beiden Teile wahr ist [. . .]. Für die Falschheit derselben genügt, daß einer der beiden Teile falsch ist [. . .].

58 **IV.2:** $p \wedge q \Vdash p$

$p \wedge q \Vdash q$

Das Beispiel ist nicht gut gewählt, da es (auch) unter die Ausnahmen von III.1.1 fällt. Ein häufig angeführtes besseres Beispiel ist: ‚Sokrates läuft, und Platon disputiert; also disputiert Platon' (*Sortes currit et Plato disputat; ergo Plato disputat*); so z.B. bei Billingham, DC, fol. 120v.

59 **IV.3:** Unterscheidung:

(1) *copulative:* $p \wedge q$

(2) *copulatim:* $(A \wedge B)\ a\ C$

Die Konjunktion der Termini ist ebenso auf seiten des Prädikats möglich; vgl. z.B. Billingham, DC, fol. 121r, also:

$A\ a\ (B \wedge C)$

Der Einfachheit halber wird hier wie im folgenden nur ‚a' gesetzt, es gilt aber immer ‚a/e/i/o'.

Etwas problematisch ist die Unterscheidung von *copulatim* nach dem zusammengesetzten (*sensus compositus*) und getrennten Sinn (*sensus divisus*). Diese Unterscheidung wird von den Logikern des Mittelalters in verschiedenen Kontexten verwendet (vor allem in dem der modalen Aussagen). Die Tatsache, daß diese Unterscheidung an den hier vorliegenden Kontext *herangetragen* wird, erklärt vielleicht, warum sich dabei eine teilweise Überschneidung mit der Unterscheidung *copulative* – *copulatim* ergibt. Die eben dargestellte Form von *copulatim* stellt den *sensus compositus* dar, wie Billingham, DC, fol. 121r, ausdrücklich feststellt. Dem entspricht die Feststellung Manlevelts, DC, fol. 59r, daß es sich hier bei dem *sensus compositus* um eine kategorische Aussage handelt. Der *sensus divisus* stellt demge-

genüber nach Manlevelt, DC, fol. 59v, eine zusammengesetzte Aussage (*propositio composita*) dar, was so viel wie ‚hypothetische Aussage' bedeutet. Billingham, DC, fol. 121r, setzt dies nun einfach gleich mit *copulative*:

> Et tunc tenetur copulative quando coniungit duas propositiones et tunc facit sensum divisum; sed aliqui dicunt quod iste sensus est divisus: ‚Sortes currit et Plato currit'.
>
> Und dann wird (eine Aussage) kopulativ genommen, wenn sie zwei Aussagen verbindet, und dann ergibt sie den *sensus divisus*; aber einige sagen, daß dieser ein *sensus divisus* ist: ‚Sokrates läuft und Platon läuft'.

Dies ergibt also die Form ‚(A a C) ∧ (B a C)', und entsprechend läßt sich für den Fall eines identischen Subjektsterminus konstruieren: ‚(A a B) ∧ (A a C)'.

Dies entspricht nun tatsächlich der kopulativen (= konjunktiven) Verknüpfung von Aussagen, wobei aber gleichzeitig die – auch im Text von Wilhelm von Osma ausdrücklich geforderte – Verbindung der Aussagen durch einen Terminus (Subjekt oder Prädikat) erhalten bleibt. Somit ist dann jede Aussage *copulatim in sensu diviso* eine kopulative Aussage; nicht aber gilt das Umgekehrte, da z.B. im Fall von ‚Sokrates läuft und Platon disputiert' (vgl. vorher Anm. 58) *keine* solche Begriffsverbindung vorliegt. Der Zusammenhang dieser sich überschneidenden Unterscheidungen kann also in folgender Form schematisiert werden:

copulatim	sensus compositus	(A ∧ B) a C A a (B ∧ C)	
copulatim / copulative	sensus divisus	(A a C) ∧ (B a C) (A a B) ∧ (A a C) oder: (A a B) ∧ (C a D)	p ∧ q

Die Unterscheidung von *sensus compositus* und *sensus divisus* ist wichtig, da der Übergang von ersterem zu letzterem keine gültige Folgerung ergibt. Es ist möglich, daß eine Aussage im *sensus compositus* wahr ist, der korrespondierende *sensus divisus* aber falsch ist; vgl. z.B. Anonymus$_4$, DC V, S. 148, 53–56:

> ‚Duo et tria sunt quinque': secundum compositionem hec est vera, nam duo et tria simul composita in uno numero sunt quinque; sed secundum divisionem est falsa, quia hec propositio est falsa: ‚duo sunt quinque et tria sunt quinque'.
>
> ‚Zwei und drei sind fünf': in Hinsicht auf die Zusammensetzung ist diese (Aussage) wahr, denn zwei und drei zusammen-

genommen in einer Zahl sind fünf; aber in Hinsicht auf die Trennung ist diese (Aussage) falsch, weil diese Aussage falsch ist: ‚zwei sind fünf und drei sind fünf'.

Vgl. zu derselben Frage (als Sophisma) Burleigh, TB I, S. 242, 27–35. Als Regel formuliert z.B. bei Paulus Venetus, Logica parva, S. 78:

A propositione de copulato extremo ad alteram partem extremi non valet consequentia.
Von einer Aussage mit einem kopulativen Satzglied zu einem Teil des Satzglieds ist die Folgerung nicht gültig.

$(A \wedge B)\ a\ C \nVdash A\ a\ C$

$A\ a\ (B \wedge C) \nVdash A\ a\ B$

60 Der folgende Abschnitt, der fünf Ausnahmefälle zu IV.4 behandelt (und deshalb sachlich passender dort einzufügen wäre), ist weder im Paralleltext des Anonymus$_5$, DC, noch im Text von Manlevelt, DC, enthalten. Es handelt sich also um eine möglicherweise aus einem anderen Text zur Folgerungslehre übernommene Hinzufügung Wilhelms von Osma zu seiner ursprünglichen Vorlage oder um die Übernahme eines gegenüber dem Text des Anonymus$_5$ und dem Manlevelts schon erweiterten Textes durch Wilhelm von Osma.

61 **IV.3.1:** $B < C,\ A\ a/i\ B \Vdash (A\ a/i\ B) \wedge (A\ a/i\ C)$
(‚du' = ‚A', ‚Mensch' = ‚B', ‚Lebewesen' = ‚C')
Die Regel stellt einen Spezialfall von IV.4.1 dar.

62 **IV.3.2:** $A = B,\ A\ a/i\ C \Vdash (A\ a/i\ C) \wedge (B\ a/i\ C)$
(‚Mensch' = ‚A', ‚Lachfähiges' = ‚B', ‚laufend' = ‚C')
‚A = B' bedeutet, daß die beiden Termini ‚A' und ‚B' dem Umfang nach (= extensional) gleich sind, nicht, daß sie dem Inhalt nach (= intensional) gleich sind. Vgl. Aristoteles, Topik V, 3, 132 a 4–6.
Diese Regel findet sich z.B. auch bei Fland, DC, S. 58 (Nr. 5).

63 **IV.3.3:**	$Up \Vdash Up \wedge Kq$	
Beweis:	$Up \Vdash Up \mathrel{-\!\!3} Kq$	= I.18; wenn ein beliebiges ‚q', dann auch ‚Kq'
	$Up \wedge (Up \mathrel{-\!\!3} Kq) \Vdash Up \wedge Kq$	aufgrund von IV.4.1 (= IV.3.5)

Diese Regel stellt eine Anwendung von IV.4.1 (= IV.3.5) dar, wobei sich hier zeigt, daß IV.4.1 auch für materiale Folgerungen gilt.

64 **IV.3.4:**	$Kp \Vdash Kp \wedge Nq$	
Beweis:	$Kp \Vdash Kp \mathrel{-\!\!3} Nq$	= I.17; wenn ein beliebiges ‚p', dann auch ‚Kp'
	$Kp \wedge (Kp \mathrel{-\!\!3} Nq) \Vdash Kp \wedge Nq$	aufgrund von IV.4.1 (= IV.3.5)

[65] Die Textkorrektur von ‚*prime*' zu ‚*precise*' ist dadurch gestützt, daß der Ausdruck ‚*significat precise primarie*' nachweisbar ist (vgl. z.B. Paulus Venetus, Logica Magna I, De terminis, S. 226, 15 f.), während ‚*prime*' in diesem Zusammenhang nicht verwendet worden zu sein scheint. – Es scheint auch, daß der Kopist ganz allgemein das ‚*precise*' in seiner Vorlage nicht richtig lesen konnte, vgl. Anm. 35 zu Kap. II.

[66] **IV.3.5**: = IV.4.1.

Zur doppelten Anführung dieser Regel vgl. oben Anm. 60. Das Beispiel ist nicht korrekt, es sei denn (was aber eben ausdrücklich hinzugefügt werden müßte), mit ‚du' würde auf einen Menschen hingezeigt (*demonstrato homine*). Ein korrektes Beispiel findet sich in IV.4.1.

[67] **IV.4**: $p \nVdash p \wedge q$

[68] **IV.4.1**: $p \wedge (p \mathrel{-\!\!3} q) \Vdash p \wedge q$

Vgl. Regel IV.3.5, die dasselbe mit Hilfe von I.6 formuliert. Vgl. auch IV.3.1, das einen Spezialfall von IV.4.1 darstellt. Im Beispiel ist die zweite Prämisse nicht explizit, es wäre also zu ergänzen: ‚Wenn ein Mensch läuft, dann läuft ein Lebewesen'.

[69] **IV.5**: $\neg(p \wedge q) \Leftrightarrow \neg p \vee \neg q$

Dies ist eine der sog. De Morganschen Regeln. Die andere dieser Regeln findet sich in V.4.

Kapitel V

70 **V.1:** $p \vee q \nVdash p$

$p \vee q \nVdash q$

Daß hier keine gültige Folgerung vorliegt, ergibt sich aus der Definition der *hinreichenden* Bedingung für die *Wahrheit* und der *notwendigen* Bedingung für die *Falschheit* einer Disjunktion von Aussagen; vgl. z.B. Petrus Hispanus, Summule logicales I, S. 9,23–10,3:

> Ad veritatem disiunctive sufficit alteram partem esse veram [...]. Et permittitur quod utraque pars sit vera, sed non ita proprie [...]. Ad falsitatem eius oportet utramque partem esse falsam [...].
>
> Für die Wahrheit einer disjunktiven Aussage genügt es, daß einer der beiden Teile wahr ist [...]. Und es wird zugelassen, daß jeder der beiden Teile wahr ist, aber nicht in ebenso eigentlicher Weise [...]. Für die Falschheit derselben ist erfordert, daß beide Teile falsch sind [...].
>
> $W(p \vee q) =\text{def } (Wp \vee Wq) \wedge M(Wp \wedge Wq)$
>
> $F(p \vee q) =\text{def } Fp \wedge Fq$

Das inklusive ‚oder', das auch ‚$M(Wp \wedge Wq)$' zuläßt, wird von Petrus Hispanus als ‚*non ita proprie*' bezeichnet, was wohl der Auffassung der Mehrzahl der mittelalterlichen Logiker entspricht.

71 **V.1.1:** $p \vee q,\ p -\!\!3\ q \Vdash q$

Diese Regel ist allerdings nur in einem eingeschränkten Sinn eine Ausnahme zu V.1, da im Falle von V.1.1 die Folgerung nicht zu jedem der beiden Glieder der Disjunktion gültig ist, sondern nur zu jenem Glied, das das Konsequens der im Antezedens enthaltenen Folgerung ist, also zu ‚q'. Dies wird im Paralleltext des Anonymus$_5$, DC, fol. 2vb, ausdrücklich gesagt (*quando una pars disiunctive sequitur ex altera parte disiunctive* [...] *tunc a tota disiunctiva ad partem que sequitur est consequentia bona*). Vgl. auch Anonymus$_2$, DC, S. 27 (Nr. 79 f.). – Daß die Folgerung nur zu ‚q' gültig ist, ergibt sich aus folgendem: Angenommen, ‚p' ist unmöglich und ‚q' wahr, so ist sowohl ‚$p \vee q$' als auch ‚$p -\!\!3\ q$' (aufgrund von I.18) wahr; also ist das Antezedens ‚$p \vee q,\ p -\!\!3\ q$' wahr, das Konsequens ‚p' aber unmöglich und somit falsch, die Folgerung also nach I.8 nicht gültig, woraus sich ergibt:

$$p \vee q,\ p -\!\!3\ q \nVdash p$$

72 **V.2:** $p \Vdash p \vee q$

$q \Vdash p \vee q$

[73] V.3: $(p \vee q) \wedge \neg p \Vdash q$
$(p \vee q) \wedge \neg q \Vdash p$

Die Wortstellung des lateinischen Textes von V.3 ist mißverständlich; besser ist der Text des Anonymus$_5$, DC, fol. 2vb: ‚*a tota disiunctiva cum contradictorio unius partis ad alteram eius partem est consequentia bona*‘. Dieser Wortstellung folgt auch die Übersetzung. – Auch das ‚*cum contradictorio*‘ des Anonymus$_5$ ist präziser als das ‚*cum opposito*‘ Wilhelms von Osma.

[74] Unterscheidung:

(1) *disiunctive:* $p \vee q$

(2) *disiunctim:* $(A \vee B)$ a C

Die Disjunktion der Termini ist ebenso auf seiten des Prädikats möglich; vgl. z.B. Billingham, DC, fol. 121r, also:

A a $(B \vee C)$

Für ‚a‘ gilt hier immer ‚a/e/i/o‘.

Der Gebrauch *disiunctim* wird bei anderen Autoren ganz parallel zu *coniunctim* in IV.3 nach dem *sensus compositus* und *sensus divisus* unterschieden; so z.B. Manlevelt, DC, fol. 59v; Anonymus$_4$ V, S. 149, 92–94. Für diese Unterscheidung gilt dann entsprechend das, was zu dieser Unterscheidung bei *copulatim* in Kap. IV, Anm. 59, gesagt wurde.

[75] **V.4:** $\neg(p \vee q) \Leftrightarrow \neg p \wedge \neg q$

Dies ist die zweite der sog. De Morganschen Regeln (vgl. IV.5).

[76] Vgl. Kap. IV, Anm. 60. – Der sachlich passendere Ort für diese fünf Ausnahmefälle wäre im Anschluß an V.1. – Der 2., 3. und 5. Modus findet sich auch bei Billingham, DC, fol. 121r.

[77] **V.4.1:** = V.1.1.

[78] **V.4.2:** $A < B$, (A i C) $\vee$ (B i C) $\Vdash$ B i C

(‚Mensch‘ = ‚A‘, ‚Lebewesen‘ = ‚B‘, ‚laufend‘ = ‚C‘)

Diese Regel ist ableitbar aus V.4.1 (= V.1.1) + I.19.

Es wäre konsequent, ‚Glied‘ (*pars*) in allen fünf Fällen von V.4 auf genau dieselbe Weise aufzufassen, d.h. als eine unanalysierte Aussage. Vom systematischen Standpunkt aus ist dies auch ohne weiteres möglich und korrekt. Man käme auf diese Weise zu der Formel:

$$p < q, p \vee q \Vdash q$$

wobei dann sofort deutlich wäre, daß es sich dabei um denselben logischen Sachverhalt wie in V.4.1 (= V.1.1) handelt, nämlich:

$$p \dashv q, p \vee q \Vdash q$$

Damit wäre ersichtlich, daß die aus der Logik der Termini stammende Relation ‚Unter-/Übergeordnetes‘ (*inferius/superius*), hier symbolisiert durch ‚<‘, eine genaue Entsprechung in der Logik der

Aussagen aufweist, nämlich ‚es folgt' (*sequitur*), hier symbolisiert durch ‚⥽'. Es ist jedoch – jedenfalls beim gegenwärtigen Stand der Forschung – sehr fraglich, ob dieser für die Algebra der Logik bei Leibniz, Boole, Schröder usw. entscheidende Zusammenhang bei den mittelalterlichen Logikern wirklich erfaßt wurde (einen Hinweis in dieser Richtung könnte man vielleicht bei Burleigh, TL I-1, 2, S. 67, 13–17, finden). Vermutlich hätte jeder mittelalterliche Logiker sofort gesehen, daß V.4.1 und V.1.1 dasselbe besagen, hätte aber der Behauptung, daß dasselbe auch für V.4.1 und V.4.2 gilt, kaum zugestimmt. Man muß deshalb m.E. in historischer Hinsicht annehmen, daß in V.4.2 nicht an eine Unter- und Überordnung von Aussagen, sondern von Termini gedacht ist, die dann zu einer Folgerungsbeziehung führt.

79 V.4.3: Mp, Uq, (p ∨ q) ⊩ p
Up, Mq, (p ∨ q) ⊩ q

Diese Regel ergibt sich aus V.1 bzw. V.3, da ‚Uq ⥽ Fq' bzw. ‚Uq ⥽ ¬q' gilt.

80 V.4.4: Np, Kq, (p ∨ q) ⊩ p
Kp, Nq, (p ∨ q) ⊩ q

Diese Regel ergibt sich aus V.1. – Aufgrund der hinreichenden Bedingung für die Wahrheit der disjunktiven Aussage (inklusive Disjunktion) ist es möglich, daß auch das zweite Glied der Disjunktion, also ‚Kq' bzw. ‚Kp', wahr ist.

81 V.4.5: B = C, (A a/i B) ∨ (A a/i C) ⊩ A a/i B
B = C, (A a/i B) ∨ (A a/i C) ⊩ A a/i C
(‚du' = ‚A', ‚Mensch' = ‚B', ‚Lachfähiges' = ‚C')
Aussagenlogisch:
(p ⇔ q), (p ∨ q) ⊩ p
(p ⇔ q), (p ∨ q) ⊩ q

Die Regel in der termlogischen Form gilt ebenso, wenn der austauschbare Terminus an Subjektsstelle steht. ‚=' drückt hier die Austauschbarkeit von Begriffen aus (vgl. auch Kommentar zu IV.3.2). Diese Regel findet sich auch z.B. bei Fland, DC, S. 60 (Nr. 12). Anders als in V.4.2 ergibt sich bei der aussagenlogischen Formalisierung von V.4.5 kein Problem, da die ‚*convertibilitas*' bei den mittelalterlichen Logikern ausdrücklich auf Termini wie auf Aussagen bezogen wird (im Unterschied zu ‚*inferius/superius*' in V.4.2); vgl. z.B. Lavenham, DC, S. 105 (Nr. 24):

> Convertibilitas terminorum est quando unus terminus est praedicabilis de reliquo vere universaliter et affirmative [. . .]. Convertibilitas propositionum est quando a prima sequitur secunda et e contra <besser: e converso>.

Austauschbarkeit von Termini liegt vor, wenn ein Terminus von dem anderen in Wahrheit allgemein und affirmativ ausgesagt wird [. . .]. Austauschbarkeit von Aussagen liegt vor, wenn aus der ersten die zweite folgt und umgekehrt.

Kapitel VI

[82] **VI.1:** Hier zeigt sich die bei mittelalterlichen Logikern häufige Unsicherheit bei der Unterscheidung von Folgerungen und Konditionalaussagen (vgl. Einleitung C 2). Im Paralleltext des Anonymus$_5$, DC, fol. 2vb, findet sich an Stelle von ‚*consequentia est bona*' das korrektere ‚*condicionalis est vera*', ebenso bei Manlevelt, DC, fol. 60r.

[83] Die Korrektur von ‚*conditionalem*' zu ‚*coniunctionem*' ist gestützt durch den Paralleltext des Anonymus$_5$, DC, fol. 2vb. Die Korrektur ist allerdings problematisch, da auch durch sie sich kein klarer Sinn dieser Einschränkung ergibt. Bei Manlevelt fehlt diese Einschränkung überhaupt; möglicherweise ist dies die einzig korrekte Form dieser Regel.

[84] **VI.2:** Konditionalaussagen bilden logische Gesetze; alle logischen Gesetze können in Regeln übersetzt werden; es handelt sich daher streng genommen nicht um *dieselben Regeln*, sondern um Gesetze und die ihnen *entsprechenden* Regeln.

[85] **VI.3:** Zur Unterscheidung ‚*simplex – ut nunc*' vgl. Einleitung C 5.

86 Es handelt sich hier um eine sehr allgemeine Zuordnung zu den Schriften des Aristoteles. Etwas genauer ist z.B. Burleigh, DC VI, S. 129 (Nr. 73), der in der Einleitung zu einem Kapitel, das u.a. die Regeln enthält, die VII.7–VII.9 (bei Wilhelm von Osma) entsprechen, sagt, daß diese Regeln in *Peri Hermeneias* und in der *1. Analytik* enthalten sind. Manlevelt, DC, fol. 60r, hat an der entsprechenden Stelle: ‚*in libro predicamentorum et alibi*'. Die Überschrift in der Form Wilhelms von Osma scheint nicht zum ursprünglichen Text gehört zu haben; der Paralleltext des Anonymus$_5$, DC, fol. 3ra, hat nur: ‚*sequitur de aliis regulis*'.

87 Die Korrektur von ‚*presentis*' zu ‚*predicatis*' ist gestützt durch den Text Anonymus$_5$, DC, fol. 3ra, und Manlevelt, DC, fol. 60r.

88 **VII.1:** B < C, A a/i B ⊩ A a/i C
Diese Regel ist dieselbe wie I.19, nur daß hier die Unter- und Überordnung an Prädikatsstelle stattfindet.

89 Im Beispiel wird verwendet:

B = DC also im Fall von VII.1: DC < C

(‚gestern' = ‚D', ‚weiß' = ‚C'); vgl. I.19 per accidens und I.20.
Die Zeitbestimmung ‚gestern' zum Prädikatsnomen ‚weiß' zu ziehen, um so einen Unterbegriff ‚gestern weiß' zum Überbegriff ‚weiß' zu gewinnen, ist ungewöhnlich. Dieser Beispielsatz gehört auch nicht zu den Standardbeispielen der mittelalterlichen Logiker. Korrekterweise müßte ‚gestern' mit ‚war' zusammengezogen werden. Vgl. z.B. Burleigh, DC VIII, S. 143 (Nr. 96), der zu dieser Regel das korrekte Beispiel anführt:

> ‚Socrates fuit albus in *a*, ergo Socrates fuit albus'; et sit *a* hesternus dies.
>
> ‚Sokrates war weiß in (= zum Zeitpunkt) *a*, also war Sokrates weiß'; und *a* sei der gestrige Tag.

In diesem Fall wird gegenüber dem Ganzen der Vergangenheit durch die Hinzufügung von ‚*a*' (= gestern) ein Teil ausgegrenzt. Es handelt sich dann also um die Beziehung Ganzes – Teil. Vgl. Petrus Hispanus, Summule logicales V, S. 66, 24–67, 3, wo ‚gestern' (*heri*) zu den Ausdrücken gezählt wird, die adverbiell einen Teil in Hinsicht auf (das Ganze der) Zeit bezeichnen (*pars in tempore est dictio significans aliquod tempus adverbialiter, ut ‚nunc', ‚tunc', ‚heri', ‚hodie' et ‚cras'*).

90 Dies ist die Regel I.20.

91 VII.2: Diese Regel formuliert den indirekten Beweis im syllogistischen System. Vgl. Kap. I, Anm. 6.

92 Ein Syllogismus, in dem der Mittelbegriff ein Pronomen, also ein singulärer Terminus, ist, wurde ‚*syllogismus expositorius*' genannt. Der Anonymus$_5$, DC, fol. 3ra, wie auch Manlevelt, DC, fol. 60r, weisen ausdrücklich darauf hin, daß es sich in dem Beispiel um einen solchen Syllogismus handelt. Die Regel für den indirekten Beweis gilt selbstverständlich für beliebige Formen syllogistischer Prämissen.

93 Vgl. Kap. I, Anm. 6.

94 Die Stelle ‚*Sed contra* [. . .] *ut nunc*' (Ende 2. Regel) ist im Paralleltext des Anonymus$_5$ nicht enthalten. Manlevelt, DC, fol. 60v, bringt – allerdings im Anschluß an die VII.3 entsprechende Regel – einen anderen (ziemlich unklaren) Einwand, der jedoch auch mit ‚*Sed contra ponatur quod quelibet talis*' eingeleitet wird. Es kann daher angenommen werden, daß es sich bei diesem Abschnitt im Text Wilhelms von Osma ursprünglich um eine Marginalie zu VII.3 handelte, die von einem Kopisten an der falschen Stelle eingesetzt wurde. Man kann darüber hinaus vermuten, daß der Einleitungssatz so ähnlich gelautet hat wie jener bei Manlevelt und daß das ‚*hoc est falsum*' im jetzt vorliegenden Text eine weitere Marginalie darstellte, die auf die Austauschbarkeit von ‚*homo*' und ‚*asinus*' bezogen war; vgl. dazu weiter unten (d). Auch als Einwand zu VII.3 aufgefaßt bleibt der Text unklar; er kann jedoch durch eine Stelle bei Fland, DC, S. 58 (Nr. 6), erklärt werden:

> Unde notandum est quod aliquae propositiones convertuntur simpliciter et aliquae ut nunc. Propositiones convertuntur simpliciter quando ad hoc quod ita sit sicut denotatur per unam requiritur quod ita sit sicut denotatur per aliam. Unde istae simpliciter convertuntur ‚Tu es homo; igitur tu es risibile'. Et semper consequentia debet concedi quae fit ex propositionibus simpliciter convertibilibus. Propositiones convertuntur ut nunc quando una significat sicut alia ut nunc ut si ponitur illa ‚Tu es asinus' ad designandum praecise quod tu es homo et ista ‚Tu es homo' significet sic sicut verba praetendunt. Similiter illae propositiones convertuntur ut nunc mediante impositione et consequentia facta ex talibus non debet concedi, sed posset concedi quod ista est bona. Et non est inconveniens negare consequentiam bonam quia ista consequentia non est nisi accidentaliter bona, scilicet, mediante impositione.

Deshalb ist anzumerken, daß einige Aussagen einfach, andere für-jetzt ausgetauscht werden. Aussagen werden einfach ausgetauscht, wenn dafür, daß es sich so verhält, wie es durch die eine angezeigt wird, erfordert ist, daß es sich so verhält, wie es durch die andere angezeigt wird. Deshalb werden diese (Aussagen) einfach ausgetauscht: ‚Du bist (ein) Mensch; folglich bist du (ein) Lachfähiges'. Und eine Folgerung, die aus einfach austauschbaren Aussagen gemacht wird, muß immer zugestanden werden. Aussagen werden für-jetzt ausgetauscht, wenn die eine für-jetzt dasselbe bezeichnet wie die andere, z.B. wenn jene (Aussage) angenommen wird: ‚Du bist ein Esel', um genau anzuzeigen, daß du ein Mensch bist, und diese (Aussage): ‚Du bist (ein) Mensch' so bezeichnen soll, wie es die Worte (von sich aus) beanspruchen. Entsprechend werden jene Aussagen für-jetzt mittels einer (Bedeutungs-)Festlegung ausgetauscht, und eine Folgerung aus solchen (Aussagen) muß zugestanden werden; es könnte aber zugestanden werden, daß sie gültig ist. Und es ist nicht unkorrekt, eine (solche) Folgerung zu verneinen, da diese Folgerung nur akzidentell, nämlich mittels einer (Bedeutungs-)Festlegung gültig ist.

Aus dieser Stelle kann für den Text bei Wilhelm von Osma folgendes entnommen werden:

(a) Es geht dabei primär nicht um das Austauschen von Termini, sondern um das von Aussagen, deren Austauschbarkeit allerdings auf der von Termini beruht. Zur Unterscheidung der *convertibilitas* bei Aussagen und Termini vgl. z.B. Anonymus$_1$, DC, S. 9 (Nr. 26). Vgl. auch Kap. V, Anm. 81.

(b) Die Unterscheidung von ‚*simplex – ut nunc*' in diesem Zusammenhang darf nicht verwechselt werden mit der terminologisch identischen Unterscheidung, die bei der Einteilung der Folgerungen Verwendung findet (vgl. Einleitung C 5). Im hier vorliegenden Zusammenhang der Austauschbarkeit bedeutet ‚für-jetzt' (*ut nunc*) eine nicht im normalen Sprachgebrauch enthaltene, also in diesem Sinn akzidentelle, letztlich willkürlich herangetragene Bedeutungsfestlegung.

(c) In einem solchen Fall ergibt sich zwar eine gültige Folgerung, die aber verneint werden darf (darauf dürfte sich das ‚*hoc est falsum*' im Text Wilhelms von Osma beziehen, vgl. oben). Der pragmatische Kontext solcher Verneinbarkeit trotz Anerkennung der Gültigkeit einer Folgerung ist jener der *obligationes*; darauf weisen bei Fland die Ausdrücke ‚*non debet concedi*', ‚*posset concedi*' und ‚*non est inconveniens negare*' hin.

(d) Im Rahmen der Lehre von den *consequentie*, die zwar aus einem Disputationskontext wie dem der *obligationes* stammt, die aber eine von diesem Kontext abstrahierende Theorie darstellt, ist es richtig, solche für-jetzt zugestandenen, akzidentellen Bedeutungsfestlegungen nicht anzuerkennen und – wie es Wilhelm von Osma hier tut – nur die einfache (*simplex*) Umkehrung zuzulassen, die unabhängig von einem solchen pragmatischen Kontext ist.

95 Die Ergänzung ,*vel*' ist gestützt durch den Paralleltext des Anonymus$_5$, DC, fol. 3rb.

96 Die Korrektur von ,*copulative*' zu ,*copule*' ist gestützt durch ebd.

97 Die Ergänzung ,*est consequentia* [. . .] *simile*' ist übernommen aus ebd.

98 **VII.3**: B = C, A a/i/e/o B ⊩ A a/i/e/o C

99 Die Definition ist ungewöhnlich, an der Stelle von ,*immortale*' steht gewöhnlich immer ,*mortale*'.

100 Auf den ersten Blick scheint die Folgerung des Beispiels gültig: Nach I.10 kann das Konsequens in eine PA umgeformt werden, und dann gilt die Folgerung nach I.9 als eine von einer UA zu einer PA. Regel VII.3 spielt dabei allerdings gar keine Rolle. Daß diese Folgerung jedoch im Zusammenhang von VII.3 eingeführt wird, sowie die Tatsache, daß Wilhelm von Osma diese Folgerung als ungültig erklärt, legt aber eine andere Interpretation des Konsequens nahe. Das ,*quilibet homo*' des Antezedens ist ganz entsprechend der normalen Interpretation Subjektsterminus einer UA, hat also konfuse und distributive Supposition (vgl. dazu z.B. Ockham, SL I, 70, S. 211, 62–68). Für das ,*homo*' des Konsequens kann jedoch vermutet werden, daß es als in einfacher Supposition (*suppositio simplex*) stehend aufgefaßt werden soll, so daß also ,*homo*' hier als Begriff des Verstandes aufgefaßt würde (vgl. Ockham, SL I, 68, S. 107, 5 f.: ,*supponere pro conceptu mentis*'). Es würde sich dann um eine absolute einfache Supposition handeln, wie sie z.B. Burleigh beschreibt. Diese liegt dort vor, wo ein Begriff absolut für sein Bezeichnetes steht (TL I-1,3, S. 11, 22 f.: ,*quando terminus supponit pro suo significato absolute non in comparatione ad supposita*') wie in dem Beispiel: ,(Der) Mensch ist das würdigste der Geschöpfe' (*homo est dignissima creaturarum*; ebd. S. 11, 27 f.). Dann wäre im Text Wilhelms von Osma gesagt, daß zwar *jeder* Mensch (*suppositio confusa et distributiva*) böse ist (als Tatsachenfeststellung), ohne daß daraus folgen würde, daß *der* Mensch (*suppositio simplex*) böse ist (als Aussage, die den Begriff des Menschen betrifft, oder darüber hinaus als metaphysische Aussage, die das Wesen des Menschen betrifft; der

realistische Standpunkt Burleighs wäre bei dieser Aussage ebenso möglich wie der streng nominalistische Standpunkt Ockhams).

[101] Die beiden Ergänzungen ‚*et*' und ‚*homo*' sind gestützt durch den Paralleltext des Anonymus$_5$, DC, fol. 3rb.

[102] Den Regeln VII.4 und VII.7–VII.9 liegt ein logisches Quadrat unquantifizierter Aussagen zugrunde, die jedoch unterschieden werden müssen in Hinsicht auf die Existenz bzw. Nichtexistenz der dem Subjektsterminus entsprechenden Dinge. Um diesen Zusammenhang klar zu machen, verwenden wir ‚$\in$' für nichtquantifiziertes ‚ist' (*est*), ‚$\notin$' für nichtquantifiziertes ‚ist nicht' (*non est*), ‚$\overline{\mathsf{E}}$' für ‚nicht existierend' (*non existens = nulla res* in VII.4), ‚E' für ‚existierend' (*existens = res mundi* in VII.4 = *constantia subiecti* in VII.7 und VII.8) und ‚X' für ‚ein beliebiges' (*quodlibet*).

(1) Ohne Berücksichtigung von E und $\overline{\mathsf{E}}$ erhalten wir zunächst:

(a)	X est A	=def	$X \in A$
(b)	X est non-A	=def	$X \in \overline{A}$
(c)	X non est non-A	=def	$X \notin \overline{A}$
(d)	X non est A	=def	$X \notin A$

Daraus kann folgendes logisches Quadrat gebildet werden:

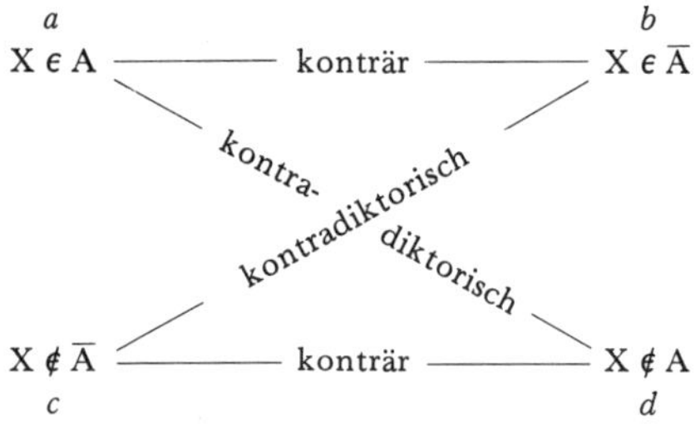

(N.B. Will man eine Entsprechung zu einem logischen Quadrat mit quantifizierten Aussagen gewinnen, so muß man die obere und die untere Zeile umkehren, um die übliche Anordnung zu erreichen, also: c = UA, d = UN, a = PA, b = PN. Nimmt man weiterhin ‚$\in$' als ‚$\neq 0$' und ‚$\notin$' als ‚$= 0$' an und faßt man den Subjekts- und Prädikatsterminus zusammen, so ergeben sich die entsprechenden Formeln der Leibniz-Boole-Schröderschen Algebra der Logik, also: UA: $X\overline{A} = 0$, UN: $XA = 0$, PA: $XA \neq 0$, PN: $X\overline{A} \neq 0$.)

(2) Wir fragen nun, welchen Unterschied es ausmacht, ob ‚$X \in \overline{\mathsf{E}}$' oder ‚$X \in \mathsf{E}$' gilt, wobei wir zunächst den Fall ‚$X \in \overline{\mathsf{E}}$' betrachten. Ockham, SL II, 12, S. 284, 42–44, stellt dazu fest (man beachte dabei den Unterschied – ‚*non*' – zu VII.4!):

> Non de quolibet termino significative sumpto dicitur alterum contradictoriorum incomplexorum, sicut de hoc nomine ‚chimaera' significative sumpto nec dicitur ‚homo' nec ‚non-homo'.
>
> Nicht von jedem bezeichnend genommenen Terminus wird eines von kontradiktorischen Inkomplexen (= Termini) ausgesagt, wie z.B. von diesem bezeichnend genommenen Nomen ‚Chimäre' weder ‚Mensch' noch ‚Nicht-Mensch' ausgesagt wird.

Dies entspricht der Feststellung bei Boethius, 2. Kommentar zu Peri Ermeneias III, 10, S. 325, 11–13:

> Contrariae [. . .] aliquotiens vero simul inveniri posse falsas, si res neque naturales neque impossibiles praedicarent.
>
> Konträre (Aussagen) [. . .] aber können manchmal als zugleich falsch befunden werden, wenn sie (nämlich) über Dinge (etwas) aussagen, die weder natürlich (= ein natürliches Ding) noch unmöglich sind.

Beim Vergleich der eben zitierten Stellen bei Ockham und Boethius ist zu beachten, daß Aussagen mit *kontradiktorischen* Prädikatstermini *konträre* Aussagen ergeben ($X \in A$, $X \in \bar{A}$). Im Fall von ‚$X \in \bar{E}$' gilt also weder ‚$X \in A$' noch auch ‚$X \in \bar{A}$', wohl aber gilt der kontradiktorische Gegensatz zu diesen in der normalen Form (dieser kennt keine Ausnahmen); vgl. Ockham, SL II, 12, S. 284, 51–57:

> Et hoc intendit Aristoteles quando dicit: ‚De quolibet affirmatio vel negatio' et de nullo eorum ambo. Unde quamvis nec ‚homo' nec ‚non-homo' dicatur de chimaera, tamen homo vere affirmatur vel negatur de chimaera,. unde altera istarum est vera ‚chimaera est homo', ‚chimaera non est homo'. Similiter altera istarum est vera ‚chimaera est non-homo', ‚chimaera non est non-homo'.
>
> Und das meint Aristoteles, wenn er sagt: ‚Von jedem (gilt) die Bejahung oder die Verneinung (Topik VI, 6, 143 b 15 f.), und von keinem von ihnen (gilt) beides. Deshalb wird, obwohl weder ‚Mensch' non ‚Nicht-Mensch' von der Chimäre ausgesagt wird, doch ‚Mensch' von der Chimäre wahr bejaht oder verneint; deshalb ist eine von diesen (Aussagen) wahr: ‚Chimäre ist Mensch', ‚Chimäre ist nicht Mensch'. Entsprechend ist eine von diesen wahr: ‚Chimäre ist Nicht-Mensch', ‚Chimäre ist nicht Nicht-Mensch'.

Hier haben wir nun genau die vier Aussagen *a* – *d* für den Fall ‚X ∊ $\overline{\text{E}}$'. In diesem Fall sind *a* und *b* falsch (vgl. oben), und da *a* falsch ist, ist sein kontradiktorisches Gegenteil *d* wahr, und ebenso, da *b* falsch ist, ist *c* wahr, also gilt ‚X ∉ A' und ‚X ∉ $\overline{\text{A}}$'.

(3) Wir betrachten nun den Fall ‚X ∊ E'. Der kontradiktorische Gegensatz gilt hier natürlich wie im Fall ‚X ∊ $\overline{\text{E}}$', ein Unterschied ergibt sich nur beim konträren Gegensatz. Ockham SL II, 12, S. 284, 44–47 stellt dazu fest:

> De omni termino supponente significative [. . .], de quo praedicatur vere ‚ens' vel ‚aliquid', dicitur alterum contradictoriorum.
> Von jedem bezeichnend supponierenden Begriff [. . .], von dem in wahrer Weise ‚seiend' oder ‚irgend etwas' prädiziert wird, wird eines von kontradiktorischen (Inkomplexen = Termini) ausgesagt.

Daß hier von Inkomplexen (= Termini) die Rede ist, ergibt sich aus dem Kontext. Es geht hier also um kontradiktorische Prädikatstermini und somit um konträre Aussagen, d.h. um *a* und *b* für den Fall ‚X ∊ E'. Dasselbe findet sich bei Boethius, 2. Kommentar zu Peri Ermeneias III, 10, S. 325, 8–11:

> Hoc quoque est diligentissime superius demonstratum, quod contrariae aliquotiens verum falsumque dividerent, si aut in rebus naturalibus aut in inpossibilibus proponerentur.
> Es wurde auch sehr gründlich oben gezeigt, daß die konträren (Aussagen) manchmal das Wahre und Falsche aufteilen, wenn sie (nämlich) in Hinsicht auf natürliche oder auf unmögliche Dinge aufgestellt würden.

Damit ist deutlich, daß VII.4 nur für ‚X ∊ E' gilt, was in dieser Regel dadurch zum Ausdruck gebracht wird, daß gesagt wird, daß sie von den *res mundi* gilt; d.h. ‚*res mundi*' (Wilhelm von Osma) = ‚*res naturalis*' (Boethius) = ‚*ens*' oder ‚*aliquid*' (Ockham).
Für den Fall ‚X ∊ E' gilt also: Wenn *a* wahr ist, ist *b* falsch, und umgekehrt, und ebenso: wenn *a* falsch ist, ist *b* wahr, und umgekehrt; d.h. im Fall von ‚X ∊ E' verhalten sich die konträren Aussagen wie kontradiktorische.

(4) Auf der Grundlage der Interpretation des logischen Quadrats in (1) lassen sich nun die folgenden Regeln aufstellen:

VII.4: Für ‚X ∊ E' gilt: $X \in (A \vee \overline{A})$
$\Leftrightarrow (X \in A) \vee (X \in \overline{A})$

,$\vee$' ist hier als ,entweder . . . oder' zu interpretieren. Vgl. z.B. Burleigh, DC VIII, S. 140 (Nr. 114): ,*omne quod est aut est homo aut non-homo*'; Anonymus$_5$, DC, fol. 3rb: ,*de qualibet re dicitur alterum illorum: ,homo' et ,non-homo', quia omnis res in mundo est homo vel non homo*'.

Die Regeln VII.7–VII.9 lassen sich nun aus dem logischen Quadrat in (1) ableiten.

VII.7: $X \notin A \nVdash X \in \bar{A}$

VII.7.1: $X \in E, X \notin A \Vdash X \in \bar{A}$

Der Beweis von VII.7.1 geht (vgl. oben logisches Quadrat) von *d* zu $\neg a$ und unter Voraussetzung der *constantia subiecti*, also von ,$X \in E$', mit Hilfe von VII.4 von $\neg a$ zu *b*.

(Beispiel: ,du' = ,X', ,Esel' = ,A')

VII.8: $X \in \bar{A} \Vdash X \notin A$

Der Beweis geht von *b* zu $\neg a$ und von $\neg a$ zu *d*. Dieser Beweis ist unabhängig von ,$X \in E$' bzw. ,$X \in \bar{E}$', da der Übergang von *b* zu $\neg a$ nach den Wahrheitsbedingungen für konträre Aussagen immer gilt. Für die Umkehrung von VII.8 (= VII.7.1) ist allerdings ,$X \in E$' erfordert.

(Beispiel: ,Sokrates' = ,X', ,gerecht' = ,A')

VII.9: $X \in A \Vdash X \notin \bar{A}$

Der Beweis geht von *a* zu $\neg b$ und von $\neg b$ zu *c*. – Das Beispiel ist nicht gut gewählt, da es eine weitere Bestimmung erfordert (Über-/Unterordnung von ,jeder Mensch' und ,Sokrates'). Ein besseres Beispiel im Anonymus$_4$, DC IV, S. 143, 132: ,*homo est iustus; ergo homo non est non iustus*' (,Mensch' = ,X', ,gerecht' = ,A').

In VII.9 wird die Frage nicht gestellt, ob (wie in VII.8) die Regel auch umgekehrt gilt. Sie gilt (wie VII.8 umgekehrt = VII.7.1) unter Voraussetzung von ,$X \in E$'. In anderen Traktaten findet sich auch tatsächlich dieser Zusatz, vgl. z.B. Anonymus$_4$, DC IV, S. 143, 133: ,*et e converso sequitur cum substantia subiecti*', also gilt:

VII.9a: $X \in E, X \notin \bar{A} \Vdash X \in A$

Der Beweis geht von *c* zu $\neg b$ und unter Voraussetzung von ,$X \in E$' mit Hilfe von VII.4 von $\neg b$ zu *a*.

Beispiel im Anonymus$_4$, DC IV, S. 143, 134 f.: ,*homo non est non iustus, et homo est; ergo homo est iustus*' (,Mensch' = ,X', ,gerecht' = ,A').

103 **VII.5:** $A < C, \bar{C}$ i/o B $\Vdash \bar{A}$ i/o B

Die Voraussetzung ist: $A < C$, A i/o B $\Vdash$ C i/o B

Die Regel VII.5 ergibt sich aus dieser Voraussetzung durch Vertau-

schung des Antezedens und des Konsequens, die jeweils mit Verschiedenheit (*alietas*), also ‚$\overline{A}$' bzw. ‚$\overline{C}$', konstruiert sind.
Regel VII.5 läßt sich aufgrund der Kontraposition

$$A < C \;\Leftrightarrow\; \overline{C} < \overline{A}$$

aus I.19 bzw. I.21 ableiten:

$$\overline{C} < \overline{A}, \overline{C} \text{ i/o } B \Vdash \overline{A} \text{ i/o } B$$

Das VII.5 entsprechende Beispiel findet sich am Ende des Abschnitts (‚Mensch' = ‚A', ‚laufend' = ‚B', ‚Lebewesen' = ‚C').

Die Entstehung des etwas komplizierten Textes kann in folgender Weise vermutet werden:

(1) Zunächst lautete die Regel nur: ‚*ad alietatem consequentis sequitur alietas antecedentis*' (so z.B. bei Manlevelt, DC, fol. 60v), wobei ein Beispiel wie jenes am Ende des Abschnitts bei Wilhelm von Osma (identisch im Anonymus$_5$, DC, fol. 3rb) angeführt wurde.

(2) Einige Autoren (z.B. der Anonymus$_5$, DC, ebd.) fügten die Bedingung hinzu: ‚*sine aliquo habente vim negationis vel distributionis*'.

(3) Einige Autoren, so auch Wilhelm von Osma, stellten dann im Anschluß an (2) ausdrücklich fest, daß VII.5 ‚*cum aliquo habente vim negationis vel distributionis*' keine gültige Folgerung ergibt (= VII.5.1), fügten aber hinzu:

(4) Die Umkehrung von VII.5.1, also VII.5.2, ergibt eine gültige Folgerung.

Es spricht daher einiges für die Annahme, daß der Abschnitt ‚*cum* [. . .] *superiorem*', der (3) und (4) entspricht, ursprünglich eine Marginalie darstellte, die später in den Text eingefügt wurde. Dies würde jedenfalls erklären, warum das Beispiel am Ende des Abschnitts nicht zu der unmittelbar vorangehenden Regel VII.5.2, sondern zu VII.5 gehört.

104 **VII.5.1:** $A < C, \overline{C} \text{ a/e } B \nVdash \overline{A} \text{ a/e } B$

Die Regel VII.5.1 stellt also die *distributio*, d.h. die Universalisierung von VII.5 dar; vgl. Anm. 103(3). Ein Beispiel wäre: ‚*omne aliud ab animali currit; ergo omne aliud ab homine currit*'. Der Nachweis der Ungültigkeit kann mit Hilfe der Kontraposition ‚$A < C \Leftrightarrow \overline{C} < \overline{A}$' geführt werden; die sich damit aus VII.5.1 ergebende Form:

$$\overline{C} < \overline{A}, \overline{C} \text{ a/e } B \nVdash \overline{A} \text{ a/e } B$$

entspricht genau der in I.21.4 als ungültig nachgewiesenen Form (die Buchstaben müssen dabei entsprechend substituiert werden).

Ebenso ergibt sich keine gültige Folgerung mit einem Ausdruck, der eine Negation enthält (z.B. ‚*tantum*'); vgl. I.21.2.

Die Korrektur von ‚*vel*' zu ‚*et*' ist gestützt durch den Text des Anonymus$_5$, DC, fol. 3rb.

105 **VII.5.2:** $A < C, \bar{A}\ a/e\ B \Vdash \bar{C}\ a/e\ B$

Die Regel VII.5.2 stellt die Umkehrung von VII.5.1 dar; vgl. Anm. 103(4). – VII.5.2 kann aber auch aus VII.5 mit Hilfe von I.23 abgeleitet werden. – Ein Beispiel wäre: ‚*omne aliud ab homine currit; ergo omne aliud ab animali currit*'.

Der Ausdruck ‚*constantia inferendi*' ist meines Wissens sonst nicht belegt, und man sieht auch nicht, welches konstante Folgern hier gefordert sein sollte. Der Paralleltext des Anonymus$_5$, DC, fol. 3rb, führt eine solche Bedingung schon für die VII.5 entsprechende Regel an, vgl. auch Anm. 103(2), allerdings mit dem Ausdruck ‚*constantia inferioris*'. Man könnte nun in folgender Weise argumentieren: Mit Hilfe der Kontraposition ergibt sich aus VII.5.2:

$$\bar{C} < \bar{A}, \bar{A}\ a/e\ B \Vdash \bar{C}\ a/e\ B$$

wobei in diesem Fall von einem Übergeordneten, also ‚$\bar{A}$', zu einem Untergeordneten, also ‚$\bar{C}$', argumentiert wird; und dabei könnte tatsächlich eine *constantia inferioris*, also ‚$\bar{C}$ *est ens*' gefordert werden. Es dürfte jedoch nicht anzunehmen sein, daß bei Wilhelm von Osma eine solche Überlegung vorlag (und es bliebe ja unklar, was die ‚*constantia inferioris*' an der usprünglichen Stelle beim Anonymus$_5$ im Zusammenhang der VII.5 entsprechenden Regel bedeuten sollte). Deshalb erscheint eine Korrektur zu ‚*constantia inferioris*' nicht berechtigt, obwohl bei der Lesung ‚*constantia inferendi*' keine überzeugende Interpretation zur Verfügung steht.

106 Die Korrektur von ‚*primo*' zu ‚*pro isto*' ist gestützt durch den Text des Anonymus$_5$, DC, fol. 3rb.

107 Die Ergänzung von ‚*ideo*' wurde vorgenommen nach ebd.

108 **VII.6**: Diese Regel stammt aus der Diskussion um modale Aussagen. Im *sensus compositus* wird das *dictum* als Subjekt und der Modus als Prädikat aufgefaßt. Auch ‚wahr' und ‚falsch' wurden manchmal als solche modalen Prädikate aufgefaßt, wobei sich aber zeigte, daß solche modalen Aussagen dasselbe bedeuteten wie die korrespondierenden nichtmodalen Aussagen. Vgl. z.B. Lambert von Auxerre, Logica I, S. 29 f.:

> Hic dicendum est de modalibus et quia ille de vero et falso equipollent hiis de inesse eo quod nihil addunt supra illas, idem enim est penitus dicere: ‚hominem esse animal est verum' et: ‚homo est animal', et: ‚hominem esse animal est falsum'

> et: ,homo non est animal'; ideo de illis duobus modis nihil ad praesens.
> Hier muß über die modalen Aussagen gesprochen werden, und weil die über Wahres und Falsches mit jenen über das Innesein äquivalent sind, weil sie nichts über jene hinaus hinzufügen – es ist nämlich beinahe dasselbe zu sagen: ,Daß der Mensch ein Lebewesen ist, ist wahr' und: ,Der Mensch ist ein Lebewesen', und: ,Daß der Mensch ein Lebewesen ist, ist falsch' und: ,Der Mensch ist nicht ein Lebewesen' –, deshalb (wird) über diese beiden Modi jetzt nichts (gesagt).

Dasselbe wird als Folgerungsregel, allerdings ohne den Terminus ,*dictum*' zu verwenden, formuliert z.B. bei Buridan, DC II, 15, S. 74, 166 f.:

> sequitur etiam ,B est A; ergo uerum est B esse A' et econuerso.
> es folgt auch ,B ist A; also ist es wahr, daß B A ist' und umgekehrt.

109 Das ,*nominativus et aliud*' ist unverständlich; der Paralleltext des $Anonymus_5$, DC, fol. 3rb, hat an dieser Stelle das korrekte ,*nominativum casum*'.

110 ,*casum*' ist hier nicht korrekt; Burleigh, DC VIII, S. 134 (Nr. 93), verwendet in dieser Regel das korrekte ,*modum*'.

111 **VII.7**: vgl. Anm. 102(4).

112 **VII.8**: vgl. Anm. 102(4).

Der Paralleltext des $Anonymus_5$, DC, fol. 3rb, hat an Stelle von ,*privato*' ,*infinito*' (ebenso Manlevelt, DC, fol. 60v), führt aber diese Regel nochmals – allerdings ohne *e converso!* – mit ,*privativo*' auf. In VII.8 darf jedoch ,*privato*' nicht zu ,*privativo*' korrigiert werden. Auch Burleigh, DC, S. 130 (Nr. 78), führt die Regel mit ,*privato*' auf (ebd. S. 131, Nr. 79, ist nur die Lesung ,*privati*' korrekt, die auch nach den Handschriften möglich ist). ,*Privatus*' hebt auf die Negation eines Terminus ab, ,*infinitus*' auf den unbegrenzten Umfang eines solchen Terminus, sie beziehen sich jedoch beide auf ein und dieselbe Klasse von Termini. Dasselbe gilt jedoch nicht von den *termini privativi*, die ein für diese geeignetes Subjekt voraussetzen (gewöhnlich wird ein solches ,*aptus natus ad* [. . .]' genannt, vgl. z.B. $Anonymus_4$, DC III, S. 135, 303 f.). Alle privativen Termini sind infinite Termini, nicht aber gilt das Umgekehrte, vgl. Paulus Venetus, Logica, S. 76 (,*privato*' zu ,*privativo*' korrigiert nach der Handschrift München, Staatsbibl. Clm 814, fol. 16va):

> A termino privativo ad terminum infinitum est bona consequentia, sed non e converso, [. . .] non sequitur e converso:

lapis est non iustus, ergo lapis est iniustus, quia antecedens est verum, ut patet, et consequens falsum, quia quicquid est iniustum, potest esse iustum, sed lapis non potest esse iustus, ergo non potest esse iniustus.

Von einem privativen zu einem infiniten Terminus ist eine gültige Folgerung, aber nicht umgekehrt, [. . .] es folgt nicht umgekehrt: ‚(ein) Stein ist nicht-gerecht; also ist (ein) Stein ungerecht', weil das Antezedens wahr ist, wie offensichtlich ist, und das Konsequens falsch, weil ein Beliebiges, das ungerecht ist, gerecht sein kann, ein Stein aber kann nicht gerecht sein, also kann er nicht ungerecht sein.

In der Praxis wurden die negierten (*privati*) und die privativen Begriffe allerdings häufig verwechselt (vgl. im eben zitierten Text des Paulus Venetus die Inkunabel und die Handschrift). So sollte auch im Beispiel in VII.8 statt ‚*iniustus*' stehen: ‚*non iustus*' (wie es korrekterweise bei Manlevelt, DC, fol. 60v, steht).

[113] **VII.9**: Vgl. Anm. 102(4) zur Regel und Anm. 112 zu *privato/privativo*. Die Regel VII.9 ist sowohl mit ‚*privato*' als auch mit ‚*privativo*' gültig (Manlevelt, DC, fol. 60v, hat nur ‚*infinito*'; zu ‚*privativo*' vgl. Anonymus$_4$, DC, S. 136, 309–314).

[114] **VII.10**: In dieser (gar nicht als Regel formulierten) Regel geht es vermutlich um zwei Sachverhalte, die (möglicherweise dadurch, daß ein Kopist einen Teil des Textes übersprungen hat) in eins zusammengenommen wurden.

(1) Der erste Teil der Regel stammt aus Aristoteles, De Interpretatione 10, 20 b 1 f. – Manlevelt, DC, fol. 61r, führt diese Regel als *nota* in folgender Form auf:

> Nomina et verba transposita idem significant, ut: ‚homo est albus; ergo albus est homo'.
>
> Werden Nomen und Verben transponiert, so bezeichnen sie dasselbe, z.B.: ‚(ein) Mensch ist weiß, also ist (ein) Weißer (ein) Mensch'.

Diese Form (die möglicherweise auch in der Vorlage zum Text Wilhelms von Osma gestanden hatte) entspricht allerdings nicht dem aristotelischen Text, bei dem in der lateinischen Übersetzung des Boethius (Aristoteles Latinus II, 1-2, Brügge–Paris 1965, S. 22) die Beispielsätze folgende Form haben: ‚*est albus homo*' und ‚*est homo albus*'. Diese Transposition wird auch von Ockham als gültig anerkannt, nicht jedoch jene des Beispiels von Manlevelt, da die Aussage ‚*albus est homo*' als unkorrekt (*incongrua*) angesehen wird, weil in ‚*homo est albus*' nur der Terminus ‚*homo*' geeignet ist, als Subjekt oder Suppositum zu

stehen (*natum est esse subiectum vel suppositum*); Ockham, Expositio in Librum Perihermenias II, 3, S. 441, 40–44.
Nimmt man an, Wilhelm von Osma hätte an einen Beispielsatz wie jenen Manlevelts gedacht, so könnte die Einschränkung ‚*sed non pro eodem supponunt*' bedeuten: Im Antezedens steht ‚*homo*' in determinierter Supposition, ‚*albus*' aber in bloß konfuser Supposition (vgl. z.B. Ockham, SL I, 70, S. 210 f.), im Konsequens aber gilt das Umgekehrte, da die jeweilige Supposition von der Stellung eines Terminus in einer Aussage abhängig ist.

(2) Bei der fragmentarischen Liste von Beispielen (wofür?) hat Wilhelm von Osma möglicherweise an die Behandlung der Negation von transponierten Aussagen gedacht, wie sie im 2. Kommentar des Boethius zu Peri Ermeneias V, S. 343 u. 347, auf die Regel über Transposition folgt, also z.B. ‚*non est albus homo*', ‚*non est homo albus*'; ebd. S. 348 findet sich z.B. die Aussage ‚*est albus omnis homo*', deren Negation lautet: ‚*non est omnis homo albus*'. – Vgl. auch Burleigh, DC X, S. 158 f. (Nr. 161).

115 **VII.11**: Vgl. auch z.B. Burleigh, DC X, S. 157 (Nr. 157).

116 **VII.12**: Das Beispiel ist besser bei Burleigh, DC X, S. 154 (Nr. 148):

> Unde si haec est vera de praeterito ,tu fuisti puer vel albus' non potest non esse veram, et per consequens est necessaria, quia omne illud quod est verum non potens non esse verum est necessarium.
> Wenn deshalb diese (Aussage) über die Vergangenheit wahr ist: ‚Du warst (ein) Knabe oder weiß', so kann sie nicht nicht wahr sein, und infolgedessen ist sie notwendig, weil alles, was wahr ist und nicht nicht wahr sein kann, notwendig ist.

Hier müssen also zwei verschiedene Bedeutungen von ‚Notwendigkeit' genau unterschieden werden. Bei Boethius, 1. Kommentar zu Peri Ermeneias, S. 121–124, und 2. Kommentar, S. 241–243, wird dafür die Unterscheidung ‚*necessarium simplex – necessarium temporale*' verwendet, die den Zeitbezug besser zum Ausdruck bringt als die spätere, dieser korrespondierende Unterscheidung der mittelalterlichen Logiker zwischen dem ‚*necessarium per se*' und dem ‚*necessarium per accidens*': Eine Aussage ist ‚*necessaria per se*', wenn zeitunabhängig das Gegenteil nicht wahr sein kann, sie ist ‚*necessaria per accidens*', wenn ihr Gegenteil zeitabhängig nicht wahr sein kann. Vgl. z.B. Wilhelm von Sherwood, Introductiones, S. 41, 13–16:

> Et similiter dicitur necessarium per se, quod non potest nec potuit nec poterit esse falsum ut deus est. Necessarium autem

per accidens est, quod non potest nec poterit esse falsum, potuit tamen ut: ego ambulavi.

Und ähnlich wird an sich notwendig genannt, was nicht falsch sein kann, nicht (falsch sein) konnte und nicht (falsch sein) können wird, z.B.: ‚Gott existiert'. Akzidentell notwendig ist, was weder falsch ist noch (falsch sein) können wird, was jedoch (falsch sein) konnte, z.B.: ‚ich ging'.

Die Aussage ‚Gott existiert' war Standardbeispiel für eine (metaphysisch) notwendige Aussage. – Es besteht auch kein Widerspruch darin, daß eine Aussage als ‚akzidentell notwendig' bezeichnet wird, obwohl sie als metaphysisch ‚kontingent' bezeichnet werden muß.

117 **VII.13:**

(1) Die Ausdrücke ‚beginnt' (*incipit*) und ‚hört auf' (*desinit*) können entweder als kategorematische oder als synkategorematische Termini in Aussagen vorkommen (vgl. z.B. Wilhelm von Sherwood, Syncategoremata, S. 75–78), d.h. sie können – entgegen ihrer grammatischen Kennzeichnung – auch als formale Teile einer Aussage auftreten. In VII.13 steht nur dieser synkategorematische Gebrauch zur Diskussion. Entsprechende Aussagen wurden als implizit hypothetische Aussagen aufgefaßt, die also exponiert werden können (vgl. Einleitung C 1). Die Exposition solcher Aussagen wird im zweiten Abschnitt der Regel dargestellt. Es handelt sich hier um einen (sehr rudimentären und nicht schon sonderlich erfolgreichen) Versuch einer Logik für zeitbestimmte Aussagen.

(2) Bei Aussagen mit ‚beginnt' und ‚hört auf' ist eine Folgerung vom Untergeordneten zum Übergeordneten nur dann gültig, wenn diese Termini an Subjektsstelle stehen. Eine Ausnahme liegt dann vor, wenn diese Termini an Prädikatsstelle substantielle Termini sind. Das bedeutet nach Ockham, SL II, 20, S. 316, 160–163 (der dort dasselbe Beispiel wie Wilhelm von Osma anführt), daß diese Termini bei ein und demselben Subjekt immer gleichzeitig gelten, d.h.: Es ist unmöglich, daß dieses Subjekt *zunächst* das eine (z.B. Mensch) und *dann* das andere (z.B. Lebewesen) ist oder umgekehrt (*quia impossibilis est quod aliquid* [. . .] *sit primo homo et postea animal*).

118 D.h.: Es ist möglich, daß jemand ein Lebewesen, z.B. einen Esel sieht (und weiterhin sieht) und dann beginnt, einen Menschen zu sehen, so daß er zwar beginnt, einen Menschen zu sehen, er aber nicht beginnt, ein Lebewesen zu sehen. Der Terminus ‚*homo*' ist also nicht als solcher akzidentell, sondern nur in bezug auf das Sehen.

119 Die Korrekturen von ‚*ubi*' zu ‚*nisi*', von ‚*uterque*' zu ‚*utraque*' und von ‚*aliquid*' zu ‚*illud*', ebenso wie die Ergänzungen in diesem Abschnitt sind gestützt durch den Paralleltext des $Anonymus_5$, DC, fol. 3va.

120 Eine universell affirmative Aussage wird exponiert durch eine indefinit affirmative und eine universell negative Aussage. Vgl. z.B. Billingham, De probatione terminorum (prior recensio), S. 55 (Nr. 34):

> Ut ‚omnis homo currit' sic probatur: ‚homo currit, et nichil est homo quin illud currit; ergo omnis homo currit'.
> Z.B.: ‚Jeder Mensch läuft' wird so bewiesen: ‚ein Mensch läuft, und nichts ist ein Mensch, ohne daß jenes läuft; also läuft jeder Mensch'.

Nach dieser Expositionsform wird – im Exp_1 mit unnötiger Umständlichkeit – die Exposition in Hinsicht auf ‚jeder' (*omnis*) vorgenommen. Entsprechend der Regel müßte dann noch die weitere Exposition in Hinsicht auf ‚hört auf' (*desinit*) durchgeführt werden.

LITERATURVERZEICHNIS

1. *Quellentexte (mit Abkürzungen)*

Handschriften werden durch * gekennzeichnet.

In Einleitung und Kommentar werden alle Traktate über Folgerungen mit DC (= *De consequentiis*) abgekürzt, auch wenn Bezeichnungen wie *Consequentiae* oder *Liber consequentiarum* vorliegen.

Anonymus$_1$: De consequentiis, ed. N.J. Green-Pedersen, in: Cahiers de l'institut du moyen âge grec et latin (Kopenhagen), 35 (1980) 4–11.

Anonymus$_2$: De consequentiis, ebd. 12–28.

* Anonymus$_3$: De consequentiis, Barcelona, Archivo general de la Corona de Aragón, ms. Ripoll 151, fol. 36r–41v.

Anonymus$_4$: Liber consequentiarum, ed in: F. Schupp, 1988, 109–171.

* Anonymus$_5$: De consequentiis, Padua, Universitätsbibliothek, ms. 1123, fol. 1vb–3va.

* Anonymus$_6$: De consequentiis, Archivo general de la Corona de Aragón, ms. Ripoll 166, fol 35r–48r.

* Anonymus$_7$: De consequentiis, Padua, Biblioteca Antoniana, ms. 407, fol. 45rb–50ra.

* Anonymus$_8$: De consequentiis, Toledo, Cabildo 94–27, fol. 70r–86v. (Dieser Text ist eine Erweiterung von Billingham, DC).

Anonymus$_9$: Logica „Ad rudium", ed. L.M. de Rijk (Artistarium, 1), Nijmegen 1981.

Albert von Sachsen: Perutilis logica, Venedig 1522 (Nachdruck Hildesheim 1974).

Boethius: Commentarii in librum Aristotelis Peri Ermeneias, pars prior, ed. C. Meiser, Leipzig 1877; pars posterior, Leipzig 1880.

– De differentiis topicis. In: Patrologia latina 64, Paris 1860, 1173C–1216D.

– De hypotheticis syllogismis, ed. L. Obertello, Brescia 1969.

– De syllogismo categorico. In: Patrologia latina 64, Paris 1860, 794C–832A.

Johannes Buridan: Tractatus de consequentiis, ed. H. Hubien (Philosophes médiévaux, 16), Löwen 1976.

Lambert von Auxerre: Logica, ed. F. Alessio, Florenz 1971.

* Marsilius von Inghen: De consequentiis, Wien, Österreichische Nationalbibliothek, ms. VPL 5162, fol. 140r–171r.

* Martin von Alnwick: De veritate et falsitate propositionis, ed. in: L.M. de Rijk, 1982, 3–43.

* Martinus Anglicus (= Martin von Alnwick?): Consequentiae, Wien, Österreichische Nationalbibliothek, ms. VPL 4698, fol. 36r–39v.

Paul von Pergula: Logica, ed. M.A. Brown, St. Bonaventure, New York, 1961.

Paulus Venetus: Logica magna, Tractatus de terminis, ed N. Kretzmann, Oxford 1979; Tractatus de veritate et falsitate propositionis, Tractatus de significato propositionis, ed. F. del Punta – M. Mc Cord Adams, Oxford 1978.

– Logica (parva), Venedig 1472 (Nachdruck Hildesheim 1970). Auch
* verwendet: München, Staatsbibliothek, ms. Clm 8403, fol. 1r–54v.

Peter Abaelard: Dialectica, ed. L.M. de Rijk, Assen ² 1970.

Petrus Hispanus: Tractatus called afterwards Summulae logicales, ed. L.M. de Rijk, Assen 1972.

– Tractatus Syncategorematum. In: Copulata Tractatuum Petri Hispani, Köln 1489.

– Tractatus Syncategorematum and Selected Anonymous Treatises, tr. J.P. Mullally, with an introduction by J.P. Mullally and R. Houde (Mediaeval Texts in Translation, 13), Milwaukee, Wisconsin 1964.

Pseudo-Ockham: Elementarium logicae, ed. E.M. Buytaert. In: Franciscan Studies 25 (1965) 151–276 und 26 (1966) 66–173.

– Tractatus logicae minor, ed. E.M. Buytaert. In: Franciscan Studies 24 (1964) 34–100.

Pseudo-Scotus: In librum primum Priorum Analyticorum Aristotelis quaestiones. In: Johannes Duns Scotus, Opera Omnia, ed. L. Wadding, Lyon 1639 (Nachdruck Hildesheim 1968), Bd. I, 273–330.

Ralph Strode: Consequentiae. In: Excellentissimi artium et medicine doctoris Magistri Alexandri Sermonete cum dubiis reverendi Pauli Pergulensis necnon eximii Gaetani de Thienis quibusdam declarativis in consequentias Strodi commentariolus, Venedig 1488.

* Richard Billingham: De consequentiis, Salamanca, Biblioteca Univer-
* sitaria, ms. 1882, fol. 120r–123r; Oxford, Bodleian Library, ms. Lat. misc. e 100, fol 56r–62r. (Falls nichts anderes angegeben, wird das ms. aus Salamanca verwendet.)

– Speculum puerorum (Terminus est in quem), ed. A. Maierù. In: Studi Medievali (Serie terza) 10.3 (1969) 297–397. Einzelne Versionen in: L.M. de Rijk, 1982, 45–186.

Richard Ferrybridge: Consequentiae. Teiledition in: L. Pozzi, 1978, 262–280.

Richard Lavenham: Suppositiones, Consequentiae, Tractatus exclusivarum, Exceptivae, Tractatus qui differt et aliud nuncupatur, ed. P.V. Spade. In: J.R. O'Donnell (Hrsg.), Essays in Honour of Anton
* Charles Pegis, Toronto 1974, 70–124. Auch verwendet: Venedig, Biblioteca Nazionale Marciana, ms. Z.L. 300, fol. 1–78.

Robert Fland: Consequentiae, ed. P.V. Spade. In: Mediaeval Studies 38 (1976) 54–84.

Sextus Empiricus: Grundriss der Pyrrhonischen Skepsis, Einleitung und Übersetzung von M. Hossenfelder, Frankfurt 1968.

* Thomas Manlevelt, De consequentiis, Erfurt, Wissenschaftliche Bibliothek, ms. Q 271, fol. 55v–62r.

Walter Burleigh: De consequentiis, ed. N.J. Green-Pedersen. In: Franciscan Studies 18 (1980) 102–166.

– De puritate artis logicae Tractatus Longior [= TL] with a Revised Edition of the Tractatus Brevior [= TB], ed. Ph. Boehner, St. Bonaventure, New York 1955.

Wilhelm von Lucca: Summa dialectica artis, ed. L. Pozzi, Padua 1975.

Wilhelm Ockham: Expositio in librum Perihermenias Aristotelis, ed. A. Gambatese, St. Brown. In: Ockham, Opera Philosophica II, St. Bonaventure, New York 1978, 341–504.

– Summa logicae (Opera philosophica I), ed. Ph. Boehner, G. Gal, St. Brown, St. Bonaventure, New York 1974 [= SL].

Wilhelm von Sherwood: Introductiones in logicam, ed. M. Grabmann, München 1937 (Nachdruck Paderborn 1979).

– Syncategoremata, ed. J.R. O'Donnell. In: Mediaeval Studies 3 (1941) 46–93.

2. *Sekundärliteratur*

Adams, Mc Cord M. (1973): Did Ockham Know of Material and Strict Implication? A Reconsideration. In: Franciscan Studies 33, 5–37.

Ashworth, E.J. (1974): Language and Logic in the Post-Medieval Period, Dordrecht.

Bendiek, J. (1952): Die Lehre von den Konsequenzen bei Pseudo-Scotus. In: Franziskanische Studien 34, 205–234.

Bird, O. (1960): The Formalizing of the Topics in Mediaeval Logic. In: Notre Dame Journal of Formal Logic 1, 138–149.

– (1961a): Topic and Consequence in Ockham's Logic. In: Notre Dame Journal of Formal Logic 2, 65–78.

– (1961b): The Re-Discovery of the Topics. Professor Toulmin's Inference-Warrants. In: Mind 70, 534–539.
– (1962): The Tradition of the Logical Topics: Aristotle to Ockham. In: Journal of the History of Ideas 23, 307–323.
Bochenski, I.M. (1935): Duae consequentiae Stephani de Monte. In: Angelicum 12, 397–399.
– (1938): De consequentiis scholasticorum earumque origine. In: Angelicum 15, 92–109.
– (1970): Formale Logik, 3. Aufl., Freiburg–München.
Boehner, Ph. (1951a): Bemerkungen zur Geschichte der De Morganschen Gesetze in der Scholastik. In: Archiv für Philosophie 4, 113–146.
– (1951b): Does Ockham Know of Material Implication. In: Franciscan Studies 11, 203–230 (= Ph. Boehner, Collected Articles on Ockham, St. Bonaventure, New York 1958, 319–351).
– (1952): Medieval Logic. An Outline of its Development from 1250 to c. 1400, Manchester.
Boh, I. (1962): A Study in Burleigh: Tractatus de regulis generalibus consequentiarum. In: Notre Dame Journal of Formal Logic 3, 83–101.
– (1963): Walter Burleigh's Hypothetical Syllogistic. In: Notre Dame Journal of Formal Logic 4, 241–269.
– (1964): An Examination of Some Proofs in Burleigh's Propositional Logic. In: The New Scholasticism 38, 44–66.
– (1965): Paul of Pergula on Suppositions and Consequences. In: Franciscan Studies 25, 30–89.
– (1982): Consequences. In: N. Kretzmann, A. Kenny, J. Pinborg (Hrsg.), The Cambridge History of Later Medieval Philosophy, Cambridge, 300–314.
Bos, E.P. (1976): John Buridan and Marsilius of Inghen on Consequences. In: J. Pinborg (Hrsg.), The Logic of John Buridan (Opuscula Graecolatina, 9), Kopenhagen, 61–69.
Bottin, F. (1975): Per una definizione di ‚consequentia'. In: C. Giacon (Hrsg.), Logica e semantica e altri saggi, Padova, 17–36.
– (1976): Le antinomie semantiche nella logica medievale, Padua.
Broadie, A. (1987): Introduction to Medieval Logic, Oxford.
Enders, H. (1975): Sprachlogische Traktate des Mittelalters und der Semantikbegriff, Paderborn.
Green-Pedersen, N.J. (1981): Walter Burleigh, De consequentiis and the Origin of the Theory of Consequence. In: H.A.G. Braakhuis, C.H. Kneepkens, L.M. de Rijk (Hrsg.), English Logic and Semantics (Artistarium, Suppl. 1), Nijmegen, 279–304.

– (1983): Early British Treatises on Consequences. In: P.O. Lewry (Hrsg.), The Rise of British Logic, Toronto, 285–307.
– (1984): The Tradition of the Topics in the Middle Ages, München–Wien.
Henry, D.P. (1972): Medieval Logic and Metaphysics, London.
– (1980): Medieval Metaphysics and Contemporary Logical Language. In: W. Kluxen (Hrsg.), Sprache und Erkenntnis im Mittelalter, Bd. I (Miscellanea Medievalia, 13/1), Berlin–New York, 343–351.
Jacobi, K. (1980a): Drei Theorien über die Funktion aussagenverknüpfender Zeichen. Die Diskussion des Junktors ‚si' bei Wilhelm von Shyreswood. In: ebd. 385–397.
– (1980b): Die Modalbegriffe in den logischen Schriften des Wilhelm von Shyreswood und in anderen Kompendien des 12. und 13. Jahrhunderts, Leiden–Köln.
Jacoby, G. (1962): Die Ansprüche der Logistiker auf die Logik und ihre Geschichtsschreibung, Stuttgart.
Kneale, W. & M. (1975): The Development of Logic, Oxford.
Knuuttila, S. (1982): Modal Logic. In: N. Kretzmann, A. Kenny, J. Pinborg (Hrsg.), The Cambridge History of Later Medieval Philosophy, Cambridge, 342–357.
Kretzmann, N. (1982): Syncategoremata, exponibilia, sophismata. In: ebd. 211–245.
Lewis, C.I. & Langford, C.H. (1959): Symbolic Logic, 2. Aufl., New York.
Lukasiewicz, J. (1935): Zur Geschichte der Aussagenlogik. In: Erkenntnis 5, 111–131.
Maierù, A. (1972): Terminologia logica della tarda scolastica, Rom.
Martin, Ch.J. (1987): Embarrassing Arguments and Surprising Conclusions in the Development of Theories of the Conditional in the Twelfth Century. In: J. Jolivet – A. de Libera (Hrsg.), Gilbert de Poitiers et ses contemporains, Neapel, 377–400.
Mates, B. (1965): Pseudo-Scotus on the Soundness of Consequentiae. In: A.-T. Tymieniecka (Hrsg.), Contributions to Logic and Methodology in Honour of I.M. Bochenski, Amsterdam, 132–141.
McDermott, A.C.S. (1972): Notes on the Assertoric and Modal Propositional Logic of the Pseudo-Scotus. In: Journal of the History of Philosophy 10, 273–306.
Moody, E.A. (1953): Truth and Consequence in Mediaeval Logic, Amsterdam.
– (1967): Medieval Logic. In: P. Edwards (Hrsg.), The Encyclopedia of Philosophy, Bd. IV, London–New York, 528–534.

Morscher, E. (1971): Der Begriff consequentia in der mittelalterlichen Logik. In: Archiv für Begriffsgeschichte 15, 133–139.
Mullick, M. (1971): Does Ockham Accept Material Implication. In: Notre Dame Journal of Formal Logic 12, 117–124.
Pinborg, J. (1969): Topik und Syllogistik im Mittelalter. In: Sapienter ordinare. Festgabe für Erich Kleineidam (Erfurter Theologische Studien, 24), Leipzig, 157–178.
– (1972): Logik und Semantik im Mittelalter. Ein Überblick (Problemata, 10), Stuttgart–Bad Cannstatt.
Pozzi, L. (1978): Le consequentiae nella logica medievale, Padua.
Prantl, C. (1855–1867): Geschichte der Logik im Abendlande (Nachdruck Graz 1955).
Prior, A.N. (1953): On Some Consequentiae in Walter Burleigh. In: The New Scholasticism 27, 433–446.
Richter, V. (1990): Zu ‚De obligationibus' in der Summa logicae. In: W. Vossenkuhl, R. Schönberger (Hrsg.), Die Gegenwart Ockhams, Weinheim.
de Rijk, L.M. (1962, 1967): Logica modernorum: A Contribution to the History of Early Terministic Logic, Bd. I und II, Assen.
– (1976): Richard Billingham's Works on Logic. In: Vivarium 14, 121–138.
– (1977): Logica oxoniensis. An attempt to reconstruct a Fifteenth Century Oxford Manual of Logic. In: Medioevo III, 121–164.
– (1982): Some 14th Century Tracts on the probationes terminorum (Artistarium, 3), Nijmegen.
Risse, W. (1979): Bibliographia Logica, Bd. IV, Hildesheim–New York.
Salamucha, J. (1950): Die Aussagenlogik bei Wilhelm von Ockham. In: Franziskanische Studien 32, 97–134.
Schepers, H. (1984): Ars obligatoria. In: Historisches Wörterbuch der Philosophie VI, 1068–1072.
Scholz, H. (1931): Abriß der Geschichte der Logik, Freiburg–München.
Schupp, F. (1988): Logical problems of the medieval theory of consequences. With the edition of the Liber consequentiarum, Neapel.
– (1991): Zur Textrekonstruktion der formalen und materialen Folgerung in der kritischen Ockham-Ausgabe. In: K. Jacobi (Hrsg.), Argumentationstheorie. Scholastische Forschungen zu den logischen und semantischen Regeln korrekten Folgerns, München. (Im Druck)
Sommers, F. (1982): The Logic of Natural Language, Oxford.
Spade, P. V. (1973): The Treatises on Modal Propositions and on

Hypothetical Propositions by Richard Lavenham. In: Mediaeval Studies 35, 49–59.

– (1982): Obligations. Developments in the fourteenth century. In: N. Kretzmann, A. Kenny, J. Pinborg (Hrsg.), The Cambridge History of Later Medieval Philosophy, Cambridge, 335–341.

Stump, E. (1982a): Topics: their development and absorption into consequences. In: ebd. 273–299.

– (1982b): Obligations. From the beginning to the early fourteenth century. In: ebd. 315–334.

Thomas, I. (1954): Maxims in Kilwardby. In: Dominican Studies 7, 129–146.

Weisheipl, J.A. (1966): Developments in the Arts Curriculum at Oxford in the Early Fourteenth Century. In: Mediaeval Studies 28, 151–175.

– (1969): Repertorium Mertonense. In: Mediaeval Studies 31, 174–224.

Wolters, G. (1980): Consequentiae. In: Enzyklopädie Philosophie und Wissenschaftstheorie I, Mannheim–Wien–Zürich, 415 f.

VERZEICHNIS DER LOGISCHEN SYMBOLE UND ABKÜRZUNGEN

Logik der Termini

A, B ...	Termini	A e B	universell negative Aussage (UN)
$\overline{A}$, $\overline{B}$ ...	negierte (infinite) Termini	A i B	partikulär affirmative Aussage (PA)
$\wedge$	Konjunktion	A o B	partikulär negative Aussage (PN)
$\vee$	Disjunktion	excl	Exklusion
$<$	Unter-/Überordnung	excp	Exzeption
$>$	Über-/Unterordnung		
A a B	universell affirmative Aussage (UA)		

Logik der Aussagen

p, q ...	Aussagen	,	Aufzählung von Aussagen (logisch äquivalent der Konjunktion)
Exp_1, Exp_2 ...	Exponenten	$\vee$	Disjunktion
W	Wahrheit	$\Leftrightarrow$	Äquivalenz
F	Falschheit	excl	Exklusion (nur ausnahmsweise für Aussagen verwendet)
$\neg$	Negation	excp	Exzeption (nur ausnahmsweise für Aussagen verwendet)
$-\!3$	Implikation (entsprechend der Definition in Einleitung C 4)		
o	Kompatibilität (Kompossibilität)		
ϕ	Inkompatibilität (Inkompossibilität)		
$\wedge$	Konjunktion		

Logik der Modalitäten

U	Unmöglichkeit	M	Möglichkeit
N	Notwendigkeit	K	Kontingenz

Metalogische Symbole

$\Vdash$	Ableitbarkeit	=def	Definition
$\nVdash$	Nichtableitbarkeit		

REGISTER

Namen

1. *Antike und mittelalterliche Autoren*

2. *Moderne Autoren*

Lateinische Begriffe

Bei den Seitenzahlen zum lateinischen Text ist in Klammer die Nummer der jeweiligen Regel angegeben.

Deutsches Sachverzeichnis